从零开始学做外贸

○ 唐翠翠 编著 ○

清华大学出版社
北京

内 容 简 介

如何拓展外贸业务和签订合同？如何让外贸业绩不断攀升？怎样做好外贸业务风险的防范？这些问题的答案都可以在本书中找到。本书教你从零开始，玩转外贸！

本书包括 10 章专题内容，从新手入门、岗位要求、熟悉业务、运输出货、交易凭证、商品管理、签订合同、开发资源、模式转型和防范风险等角度，帮助大家从新手成长为外贸行业的高手。

本书对外贸行业进行了全面解读，并配合具体的交易案例进行剖析，帮助大家轻松学习外贸知识，掌握外贸业务的各项技能，更好地开展外贸业务工作。

本书适合对外贸行业感兴趣的外贸新手、在职外贸人员，以及想转型做外贸业务的企业经营管理者阅读。

本书封面贴有清华大学出版社防伪标签，无标签者不得销售。
版权所有，侵权必究。举报：010-62782989，beiqinquan@tup.tsinghua.edu.cn。

图书在版编目(CIP)数据

从零开始学做外贸/唐翠翠编著. —北京：清华大学出版社，2022.9(2025.3 重印)
ISBN 978-7-302-59925-8

Ⅰ.①从… Ⅱ.①唐… Ⅲ.①对外贸易—基本知识 Ⅳ.①F75

中国版本图书馆 CIP 数据核字(2022)第 011628 号

责任编辑：张　瑜
装帧设计：杨玉兰
责任校对：周剑云
责任印制：丛怀宇

出版发行：清华大学出版社
网　　址：https://www.tup.com.cn, https://www.wqxuetang.com
地　　址：北京清华大学学研大厦 A 座　　邮　编：100084
社 总 机：010-83470000　　邮　购：010-62786544
投稿与读者服务：010-62776969, c-service@tup.tsinghua.edu.cn
质量反馈：010-62772015, zhiliang@tup.tsinghua.edu.cn

印 装 者：大厂回族自治县彩虹印刷有限公司
经　　销：全国新华书店
开　　本：170mm×240mm　　印　张：14.5　　字　数：278 千字
版　　次：2022 年 9 月第 1 版　　印　次：2025 年 3 月第 3 次印刷
定　　价：59.80 元

产品编号：094210-01

前　言

2020年，全球贸易出现了大幅下降。然而，在困境和压力之下，2020年中国外贸发展的表现却超出预期。

据相关数据显示，2020年前10个月，我国外贸进出口总额25.95万亿元，同比去年28.52万亿元下降9%，而11月份，中国外贸进出口总额3.09万亿元，同比去年11月份增长7.8%。

按美元计，2020年11月的进出口总值和出口值均创下了1979年有统计数据以来的单月最高记录，出口激增21.1%，贸易顺差翻倍。

2020下半年以来，我国外贸形势出现明显好转，已连续3个月保持正增长，传递出我国外贸趋稳的积极信号。

外贸行业是一项具有挑战性、发展性的行业。因此，对于刚毕业的大学生，或是从其他行业转行而来的外贸新手来说，真正开展外贸业务确实具有一定的难度。

许多新人刚进入外贸行业时非常迷茫，但无论是进入一个新行业，还是进入一个新公司，学习都是非常重要的。学习是一个永恒的话题，新手要时刻保持高昂的学习激情和良好的学习状态，不断地学习前辈的经验，提高自己的技能。

本书将外贸新手需要掌握的知识和技能分为10个模块，并提供了大量的图表，以直观的方式展示相关内容，帮助外贸新手更轻松地阅读和学习。通过对本书的学习，外贸新手能够更好地开展外贸业务工作。

此外，本书有大量案例，每讲到重要的知识点，都有具体的实例讲解。虽然说涉足外贸行业不是改变生活与命运的唯一选择，但成功的外贸交易成果是一个能够改变无数人生活与命运的梦想，所以在实现梦想的征途中，外贸人员要脚踏实地地学习相关知识。

本书由唐翠翠编著，参与编写的人员还有刘思悦等人，在此一并表示衷心感谢。由于作者知识水平有限，书中难免有错误和疏漏之处，恳请广大读者批评、指正。

编　者

目 录

第1章 新手入门：外贸"菜鸟"必学的基本知识..................1

1.1 外贸新人必看的入门知识..................2
- 1.1.1 分析市场环境..................2
- 1.1.2 厘清行业类别..................3
- 1.1.3 熟悉产品知识..................6
- 1.1.4 牢记国家政策..................7
- 1.1.5 遵守相关法规..................7

1.2 详解国际常用的贸易术语..................9
- 1.2.1 贸易术语的意义..................9
- 1.2.2 贸易术语的分类..................10
- 1.2.3 贸易术语的运用..................10

第2章 岗位要求：外贸工作岗位从业条件..................23

2.1 外贸是一个怎样的职业..................24
- 2.1.1 了解外贸岗位的基本情况..................24
- 2.1.2 了解外贸岗位的工作流程..................26
- 2.1.3 了解外贸岗位的工作要求..................27
- 2.1.4 摸清岗位前任离职的原因..................28
- 2.1.5 了解公司对该岗位的评价..................29

2.2 快速熟悉新公司和产品..................29
- 2.2.1 了解公司的基本资料..................29
- 2.2.2 了解公司的组织架构..................30
- 2.2.3 了解公司的规章制度..................30
- 2.2.4 熟悉公司的产品服务..................31

2.3 外贸新人职场必知礼仪..................31
- 2.3.1 与客户电话交流..................32
- 2.3.2 机场外迎接客户..................35
- 2.3.3 为客户安排日程..................36
- 2.3.4 向客户介绍产品..................38
- 2.3.5 陪客户参观工厂..................39
- 2.3.6 与客户商谈价格..................41
- 2.3.7 与客户商谈条款..................43

第3章 熟悉业务：看懂外贸业务的全流程..................47

3.1 了解外贸业务的总流程..................48
- 3.1.1 外贸业务总体流程..................48
- 3.1.2 外贸员的工作流程..................50

3.2 厘清外贸前期基本流程..................50
- 3.2.1 客户开发与磋商..................51
- 3.2.2 生产备货与通知..................54
- 3.2.3 货物跟单与商检..................56
- 3.2.4 货物报关与查验..................57
- 3.2.5 运输收款与核销..................60

第4章 运输出货：出货应注意的事项..................65

4.1 外贸出口运输的相关知识..................66
- 4.1.1 必须按约定如期交货..................66
- 4.1.2 保证按时交货的条件..................66
- 4.1.3 外贸出货安排与跟踪..................68

4.2 外贸出口收汇的核心环节..................69
- 4.2.1 外贸收汇的基本方式..................70
- 4.2.2 外贸汇付流程及类型..................70
- 4.2.3 外贸托收流程及类型..................71

4.2.4　信用证业务中的议付 ………… 72
　　　4.2.5　远期支票的支付方式 ………… 73
　4.3　外贸出口制单结汇的流程 …………… 74
　　　4.3.1　确定并准备单证 ………………… 74
　　　4.3.2　审核单证的正确性 ……………… 75
　　　4.3.3　处理有问题的单证 ……………… 77
　　　4.3.4　办理交单与结汇 ………………… 77
　4.4　向外汇管理局申报核销 ……………… 77
　　　4.4.1　办理外贸核销手续 ……………… 78
　　　4.4.2　核销单的申请原则 ……………… 78
　4.5　这些税收优惠政策请收好 …………… 79
　　　4.5.1　了解外贸的税收优惠
　　　　　　政策 ………………………………… 79
　　　4.5.2　税收优惠政策的实施
　　　　　　范围 ………………………………… 80
　　　4.5.3　外贸退税额度的计算
　　　　　　方法 ………………………………… 81

第5章　交易凭证：外贸单证的种类及使用 …………… 83

　5.1　催开与处理外贸信用证 ……………… 84
　　　5.1.1　信用证种类与主要内容 ………… 84
　　　5.1.2　银行在信用证中扮演的
　　　　　　角色 ………………………………… 86
　　　5.1.3　催开与受理外贸信用证 ………… 87
　　　5.1.4　阅读与审核外贸信用证 ………… 89
　　　5.1.5　修改信用证与来证保管 ………… 92
　5.2　熟悉其他外贸交易单证 ……………… 95
　　　5.2.1　出口许可证 ……………………… 95
　　　5.2.2　原产地证明书 …………………… 96
　　　5.2.3　报价单 …………………………… 98
　　　5.2.4　报关单 …………………………… 98
　　　5.2.5　汇票 ……………………………… 99
　　　5.2.6　发票 ……………………………… 101
　　　5.2.7　提单 ……………………………… 102

　　　5.2.8　装箱单 …………………………… 103
　　　5.2.9　保险单 …………………………… 105
　　　5.2.10　检验证书 ……………………… 106

第6章　商品管理：让外贸创造出更多价值 …………… 109

　6.1　做好出口商品管理 …………………… 110
　　　6.1.1　出口商品的命名 ………………… 110
　　　6.1.2　出口商品的包装 ………………… 112
　　　6.1.3　确定商品的规格 ………………… 115
　　　6.1.4　保证商品的质量 ………………… 116
　6.2　出口贸易注意事项 …………………… 117
　　　6.2.1　核算出口成本 …………………… 117
　　　6.2.2　降低外贸佣金 …………………… 119
　6.3　办理保险减少风险 …………………… 121
　　　6.3.1　准备相关单证资料 ……………… 121
　　　6.3.2　计算保险金额费用 ……………… 122
　　　6.3.3　选择投保形式和险别 …………… 123
　　　6.3.4　拟定合同保险条款 ……………… 126
　　　6.3.5　填制并领取投保单 ……………… 127

第7章　签订合同：外贸谈判及需要注意的细节 ……… 131

　7.1　国际贸易合同签订流程是
　　　怎样的 …………………………………… 132
　　　7.1.1　签订书面合同 …………………… 132
　　　7.1.2　审核合同条款 …………………… 135
　　　7.1.3　审核回签合同 …………………… 135
　　　7.1.4　依法履行合同 …………………… 136
　7.2　外贸合同签订时如何规避风险 ……… 137
　　　7.2.1　谨防合同欺诈陷阱 ……………… 137
　　　7.2.2　避免FOB合同陷阱 ……………… 139
　　　7.2.3　全部损失与部分损失 …………… 141
　　　7.2.4　保留贸易往来的书面
　　　　　　证据 ………………………………… 145

  7.2.5 迟延交付及其法律责任 146

第 8 章　开发资源：这样做才能开发客户资源 149

8.1 开发客户资源的基本流程 150
  8.1.1 寻找海外客户 150
  8.1.2 写开发信给客户 150
  8.1.3 回复客户的询盘 153
  8.1.4 向客户报价 154
  8.1.5 给海外客户寄样 155
  8.1.6 接待客户验厂 158

8.2 开发客户资源的基本渠道 158
  8.2.1 通过企业网站开发客户 159
  8.2.2 通过 B2B 平台开发客户 160
  8.2.3 通过搜索引擎开发客户 161
  8.2.4 通过外贸交易会开发客户 162
  8.2.5 通过社交软件开发客户 163
  8.2.6 通过电话开发客户 164

8.3 做到这 5 点让业绩翻倍 165
  8.3.1 提升自己的专业职业能力 165
  8.3.2 全面掌握行业与产品信息 167
  8.3.3 对待客户有耐心、有礼貌 169
  8.3.4 掌握必要的外贸业务工具 169
  8.3.5 详细做好各项记录和分析 172

第 9 章　模式转型：转投跨境电商实现转变 175

9.1 传统外贸转型跨境电商要了解这 3 点 176
  9.1.1 了解跨境电商的特征和运营模式 176
  9.1.2 传统外贸企业为什么要做跨境电商 180
  9.1.3 传统外贸企业转型跨境电商的优势 183

9.2 外贸工厂应该怎么转型跨境电商 183
  9.2.1 制度建立和优惠政策 184
  9.2.2 解决资金和产品的问题 186
  9.2.3 解决流量的问题 188
  9.2.4 解决供应链的问题 189
  9.2.5 解决支付系统的问题 192
  9.2.6 解决平台的问题 193

9.3 发展跨境电商需要突破的 4 大瓶颈 196
  9.3.1 成本的控制 196
  9.3.2 管理的完善 197
  9.3.3 发展的平衡 198
  9.3.4 服务的提高 198

第 10 章　防范风险：切实做好外贸风险管控 201

10.1 来自市场的风险防范 202
  10.1.1 风险 1：进口国经济调控 202
  10.1.2 风险 2：出口政策的变化 204
  10.1.3 风险 3：市场行情的变化 204
  10.1.4 风险 4：季节性风险规律 205
  10.1.5 风险 5：贸易壁垒的风险 206
  10.1.6 风险 6：海运费上涨风险 207

10.1.7 风险 7：汇率风险的防范 208
10.2 来自客户的风险防范 209
　10.2.1 风险 1：客户欺诈风险 209
　10.2.2 风险 2：客户破产风险 210
　10.2.3 风险 3：客户人事变动 211
　10.2.4 风险 4：客户流失风险 211
　10.2.5 风险 5：供应商与客户直接联系 212
　10.2.6 风险 6：供应商破产的风险 212
10.3 来自管理的风险防范 212
　10.3.1 风险 1：报价过程中的风险 213
　10.3.2 风险 2：货物计量中的风险 213
　10.3.3 风险 3：海关编码归类风险 214
　10.3.4 风险 4：出口收汇风险防控 214
　10.3.5 风险 5：合同中的风险防控 216
　10.3.6 风险 6：产品上的风险防控 219
　10.3.7 风险 7：运输中的风险防控 219
　10.3.8 风险 8：检验中的风险防控 220
　10.3.9 风险 9：FOB 贸易术语操作风险 220

第1章
新手入门：外贸"菜鸟"必学的基本知识

学前提示

随着经济全球化的不断发展，外贸行业发展得如火如荼，越来越多的人涌入了外贸行业，掀起了一股外贸热潮。大家都想从中分一杯羹，但对从未涉足过外贸行业的新手来说，该如何探索这片新领域，并在这个领域中获得一席之地呢？

本章就讲述一些外贸新人必看的入门知识和国际常用的贸易术语，帮助大家从外贸"菜鸟"成长为一名外贸高手！

要点展示

- ▶ 外贸新人必看的入门知识
- ▶ 详解国际常用的贸易术语

1.1 外贸新人必看的入门知识

只有知己知彼,才能百战百胜,想要在一个全新的领域有所发展,首先就要全面了解该行业的基本情况。本节将从市场环境、行业类别、产品知识、国家政策和相关法规 5 个方面出发,为各位读者介绍外贸行业的入门知识。

1.1.1 分析市场环境

2001 年 12 月 11 日,中国正式成为世界贸易组织的一员,标志着我国能够更进一步地参与国际经济合作与分工,这不仅有利于促进我国的经济繁荣,也为外贸行业的发展提供了巨大的机遇。

由于经济下行的压力,目前全球的经济市场状况不容乐观,但根据总体趋势来说,中国目前正处于经济发展的高速时期,我国外贸行业正朝着好的方向发展。因此,为了更准确地抓住各行各业的商机,外贸新手们首先要擦亮双眼,分析当下的市场环境,以便更好地进行交易。

分析市场环境可以更清晰地了解产品和市场的关系,以便更高效地销售产品。例如:某外贸员销售的产品为雨具,他却选择了常年不下雨的中东地区作为目标市场,由于市场对这类产品的需求量不大,因此,即使产品的质量和性价比再好,产品的销量也是寥寥无几。

由此可见,分析市场环境是非常重要的一项准备工作。一般来说,分析市场环境主要包括一般市场环境分析和具体市场环境分析两个方面。

1. 一般市场环境分析

一般市场环境分析与外贸员销售的产品没有太大的相关性,是根据特定市场的客观环境进行分析。图 1-1 所示为一般市场环境分析的具体内容。

一般市场环境分析
- 地理环境:所在位置、所占面积、地势地形和自然气候等
- 交通环境:港口分布情况、交通运输工具和基础设施情况等
- 金融环境:物价、外汇、银行、销售渠道和消费者购买力等
- 人文环境:人口数量、通用语言、教育水平和宗教风俗等

图 1-1 一般市场环境分析的具体内容

专家提醒

一般市场环境分析可以说就是从宏观的角度研究销售的可行性，一名合格的外贸人员需要从多角度进行分析，尽可能地减少失误。

2. 具体市场环境分析

具体市场环境分析就需要将所销售的产品结合当地的情况，对具体问题进行具体分析。图1-2所示为具体市场环境分析的举例说明。

具体市场环境分析
- 销售情况：当地市场的销售额和销售规模如何
- 竞争情况：当地市场具有竞争力的品牌是什么
- 销售策略：产品在当地市场该采取何种推广方法

图1-2 具体市场环境分析的举例说明

分析市场环境不仅能够提高当下的工作效率，还可以更好地预测未来市场，为寻找有利市场、了解竞争对手等做好准备工作，是外贸人员必备的技能之一。外贸人员必须对目标市场和目标用户进行清晰的定位，找准产品的最大受益者是分析市场环境的重中之重。

1.1.2 厘清行业类别

"到底该如何下手？"这是很多初入外贸行业的新手遇到的第一个问题。俗话说"三百六十行，行行出状元"，外贸新手想要作出成绩，就必须先熟悉外贸行业，厘清行业类别，并根据自身的优势和需求，选择最适合自己的一种。

无论起初的资金有多么雄厚，经验多么丰富，还是拥有超高的天赋、能力，一旦选错了行业，就都有可能造成人力和财力上的巨大损失。外贸行业的类别多种多样，为了尽可能地避免损失，下面就从4个角度为大家介绍外贸行业的不同类别，帮助大家更好地厘清思路。

1. 按产品移向分类

产品按照移向分类，可以划分为4种贸易类型，具体如下所述。

1) 出口贸易(Export Trade)

出口贸易是指将本国的产品或服务输出至其他国家的市场进行销售，得到国外买家的汇款。值得注意的是，可以出口的并不仅限于实体产品，高新技术和知识专利等也可以出口销售。

2) 进口贸易(Import Trade)

进口贸易与出口贸易恰恰相反，是指从国外购买产品、服务或专利等。外贸人员在决定进口产品之前，必须对国内市场的价格情况进行调研，并对供应商的供应情况和价格趋势了如指掌。

3) 过境贸易(Transit Trade)

过境贸易是指 A 国的产品在运往 B 国销售的途中，需要途经 C 国，但 C 国并不参与交易，对于 C 国而言，这笔交易就属于过境贸易。由于过境贸易在一定程度上对国际贸易具有阻碍作用，所以 WTO(World Trade Organization，世界贸易组织)成员国之间彼此并不从事过境贸易。

4) 转口贸易(Intermediary Trade)

转口贸易又称中转贸易，它与过境贸易的不同之处在于 A 国需要先将产品销售给 C 国，在 C 国经过分类、包装和加工，再销往 B 国。C 国直接参与了交易，对于 C 国来说，这就属于转口贸易。

综上所述，大家可以看出，进出口贸易其实是互惠互利的，一笔交易的成交条件必须是买家和卖家达成一致，对于买方来说是进口贸易，对于卖方来说则是出口贸易。因此，大家在交易过程中可以多进行换位思考，综合考虑双方的共同利益，从而提高成交率。

2. 按产品形态分类

产品按照形态分类，具体可以分为两种类型，分别为有形贸易和无形贸易，下面进行简单介绍。

1) 有形贸易(Visible Trade)

顾名思义，有形贸易所交易的产品都是具有真实形态的产品，有形贸易的产品种类繁多，例如服装、器械、食品和药物等，这些产品的进出口贸易都需要经过海关办理相关手续通关。

2) 无形贸易(Invisible Trade)

无形贸易是"有形贸易"的对称，是指买卖一切不具有真实物质形态的商品的交换活动，如服务或劳务进出口等。无形贸易的具体收支如图 1-3 所示。

图 1-3　无形贸易的具体收支

专家提醒

进出口贸易都需要按照法律法规办理清关手续,有形贸易的金额会直接显示在该国海关统计中,但由于无形贸易无须经过海关办理清关手续,故其金额只能在该国国际收支表中予以体现。

3. 按贸易途径分类

贸易按照其途径分类,可以分为直接贸易、间接贸易和三角贸易 3 种,具体内容如下所述。

1) 直接贸易(Direct Trade)

直接贸易是指 A 国和 B 国买卖双方直接进行交易,交易过程和产品运输等流程都不涉及任何第三方。

2) 间接贸易(Indirect Trade)

间接贸易是指 A 国和 B 国无法直接进行交易,需要通过 C 国作为中介来完成。在这项交易中,A 国被称为间接出口国,B 国被称为间接进口国,而 C 国则被称为转口贸易国。

3) 三角贸易(Triangle Trade)

三角贸易是指 A 国与 B 国之间的贸易出现失衡时,将贸易扩大到第三方 C 国,通过协议互相搭配交易三方的产品,从而实现贸易收支平衡。三角贸易有利于交易的互相调节,能在一定程度上解决外汇支付的困难。

4. 按清偿方式分类

贸易按照清偿方式分类,可以分为现汇贸易、记账贸易和易货贸易,具体内容如下所述。

1) 现汇贸易(Cash-Liquidation Trade)

现汇贸易是指使用可以自由兑换的货币,逐笔结算贸易的货款。现汇贸易由于运用灵活,是目前国际贸易活动中使用最广泛的一种,结算方式多以信用证为主,以托收和付汇为辅。

2) 记账贸易(Clearing Account Trade)

记账贸易是指买卖双方在进行贸易往来时,签订好双边贸易协定和支付协定,并将产品的数量和金额等数据记录在各自的银行账户上。每到年终进行清算时,差额部分使用协定货币偿还,或转入下一年度。

通常来说,双方会商定一个限额限度,当一方的结欠超过限额时,另一方有权停止交货,或催促对方加速交货。

3) 易货贸易(Barter Trade)

易货贸易是指双方对产品进行计价,通过互相交换等价货物作为结算方式。这种结算方式比较适合外汇不足或由于各种原因无法进行自由结汇交易的国家。

1.1.3 熟悉产品知识

大家在进入外贸行业之前，首先选好要销售的产品并熟悉产品知识，只有明确经营的方向，才能更好地提高成交量。俗话说"知己知彼，百战不殆"，外贸选品同样适用于这个道理，外贸人员需要从众多产品中挑选出自己最有把握卖得出去的产品。图1-4所示为某选品网站种类丰富的产品推荐。

图1-4 种类丰富的产品推荐

好的开始是成功的一半，选好想要销售的产品之后，外贸人员需要对产品知识做好功课。熟悉产品知识是一个外贸人员的基本功，基本功越扎实，获得客户青睐的可能性就越大。外贸人员熟悉产品的流程具体如下所述。

(1) 熟悉产品的规格、型号、外观、包装、生产工艺和用途等信息。
(2) 熟悉产品的原材料和成本价格，估算产品的价格底线。
(3) 熟悉产品生产工厂的资质、实力、生产周期和技术水平等情况。
(4) 熟悉产品的生产、加工环节，清楚产品的成品品质。
(5) 找出产品的优势和卖点，以及各地区对该产品的要求和需求。
(6) 了解该产品市面上主要的生产厂家、客户和竞争对手。

1.1.4 牢记国家政策

为了更好地规范和发展进出口贸易，国家也出台了相关政策加以引导，努力寻找新机遇和开辟新市场。例如，实行"一带一路""互联网+"和自贸区建设等重要战略。

外贸人员想要更好地顺应国家政策、促进交易，就需要密切关注与贸易相关的政策信息，具体可在中华人民共和国商务部的官网查询。图 1-5 所示为商务部官网有关"一带一路"倡议的具体内容。

图 1-5 "一带一路"倡议的具体内容

1.1.5 遵守相关法规

进出口贸易属于跨国交易，外贸从业者不仅要遵守本国的相关法规，还必须遵守国际的法律法规，以及和交易对象签订的合同款项。

由于买卖双方所在的国家和地区存在差异，所遵守的法律体系和制度也有所不同，双方在签订、履行合同和处理合同争议时，都应遵守国际贸易中通用的法律条例。目前国际贸易中所通用的法律条例主要有 3 种类型，具体如下所述。

1. 遵守国际贸易惯例

在长期的国际贸易实践中，人们自发地形成了一些通用的习惯做法，而国际贸易惯例，就是根据这些人们认可的习惯做法而制定的规则，它是国际贸易法律的重要渊源之一。

需要注意的是，国际贸易惯例本身并不是法律，不具有法律效力。但各国法律和国际法律都认可当事人有选择适用国际贸易惯例的自由，当买卖双方在合同中明确表示使用某项国际惯例时，国际贸易惯例就会对当事人产生法律效力。

在目前的国际贸易中，影响力较大和适用范围较广泛的国际贸易惯例主要有以下几种，如图1-6所示。

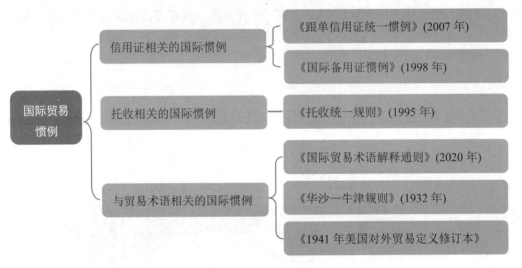

图1-6　国际贸易惯例

2. 遵守各国法律法规

参与贸易的买卖双方都要遵守本国的相关法律法规，例如在中国境内进行的外贸交易，首先必须遵守《中华人民共和国合同法》。在交易时，买卖双方可以根据实际情况，选择任意一方所在国的法律，也可以选择双方认可的第三国法律或相关的国际条约。

如果买卖双方未在合同中明确商定解决合同争议所适用的法律，则由受理合同争议的法院或仲裁机构，根据相关规定进行处理。目前，我国与进出口贸易相关的法律主要有《中华人民共和国对外贸易合同法》和《中华人民共和国对外贸易法》。

3. 遵守国际协定条约

在国际贸易实践中，为了消除各国贸易往来的障碍和解决争议，各国相继签订了一些双边或多边的国际协定条约。国际协定条约中的贸易协定、支付协定，以及有关国际贸易、运输、商标、专利、知识产权和仲裁方面的协定，被大多数国家所接受并有效实行。

我国为了更好地促进贸易发展，对外缔结或签订了很多有关国际贸易的双边或多边协定条约，其中对我国国际贸易发展影响较大的有《联合国国际货物销售合同公约》和WTO协定。

1.2 详解国际常用的贸易术语

贸易术语(Trade Terms)也可以称为价格术语(Price Terms)，是人们在长期的国际贸易实践中逐渐形成的共识，用来表示买卖双方交易成交价格的构成和交货条件。通过使用贸易术语，可以明确买卖双方交易风险、责任和费用划分等问题，更好地促成交易。

目前常用的贸易术语主要有11种，国际商会2020年通过的《国际贸易术语解释通则》将贸易术语分为两大类，如表1-1所示。

表1-1 贸易术语类别

第1类 适用于各种运输方式	CIP(Carriage and Insurance Paid)运费和保险费付至指定目的地
	CPT(Carriage Paid to)运费付至指定目的地
	DAP(Delivered at Place)指定目的地交货
	DPU(Delivered at Place Unloaded)目的地交货并卸货
	DDP(Delivered Duty Paid)指定目的地完税后交货
	EXW(Ex Works)指定工厂交货
	FCA(Free Carrier)货交承运人
第2类 适用于海运和内河运输	CFR(Cost and Freight)指定目的港成本加运费
	CIF(Cost, Insurance and Freight)指定目的港成本、保险费加运费
	FAS(Free alongside Ship)指定装运港船边交货
	FOB(Free on Board)指定装运港船上交货

1.2.1 贸易术语的意义

进出口贸易作为跨国交易，买卖双方之间的语言和习惯的不同，是交易中最大的障碍。因此，为了更好地促进交易双方进行交流和沟通，贸易术语应运而生。贸易术语是在长期贸易实践中形成的，是一种约定俗成的专业交流语言，极大地方便了买卖双方进行洽谈和协定合同。

例如，卖方的交货地点是在装运港还是转运地？具体由哪一方负责办理货物运输的相关手续？货物在运输途中产生的意外损失由谁来承担？……对应的贸易术语可以处理这些具体问题，这就意味着外贸人员需要将贸易术语熟记于心，清楚地掌握每一种贸易术语所承担的具体责任和义务。

贸易术语不仅能提高外贸人员的工作效率，还能促进外贸业务的发展，具体体现在 3 个方面，如图 1-7 所示。

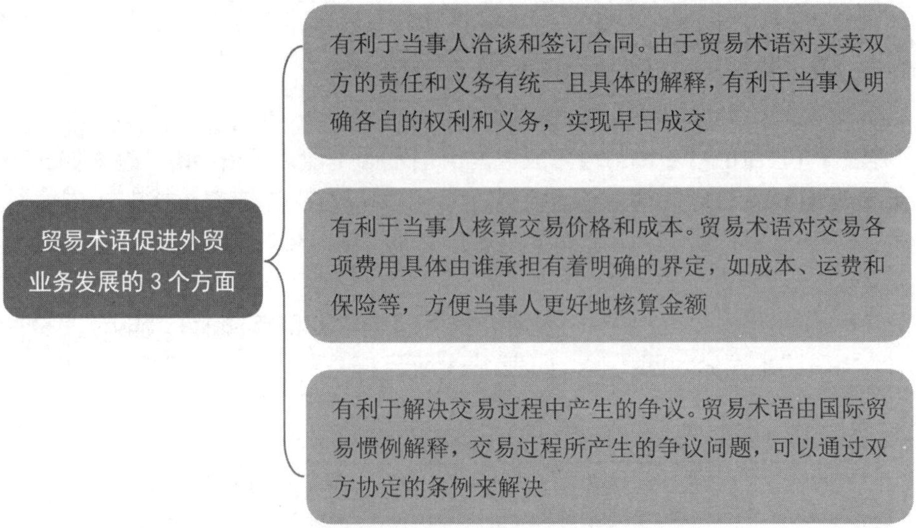

贸易术语促进外贸业务发展的 3 个方面
有利于当事人洽谈和签订合同。由于贸易术语对买卖双方的责任和义务有统一且具体的解释，有利于当事人明确各自的权利和义务，实现早日成交
有利于当事人核算交易价格和成本。贸易术语对交易各项费用具体由谁承担有着明确的界定，如成本、运费和保险等，方便当事人更好地核算金额
有利于解决交易过程中产生的争议。贸易术语由国际贸易惯例解释，交易过程所产生的争议问题，可以通过双方协定的条例来解决

图 1-7　贸易术语促进外贸业务发展的 3 个方面

1.2.2　贸易术语的分类

为了让大家更轻松地识别和区分常用的 11 种贸易术语，下面就按照英文首字母的顺序对贸易术语进行划分并讲解。贸易术语具体可划分为 C 类、D 类、E 类和 F 类，如图 1-8 所示。

C类
CPT CFR
CIF CIP
D类
DPU DAP DDP
E类
EXW
F类
FOB FCA FAS

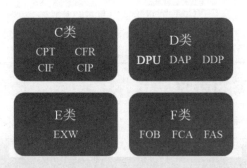

图 1-8　按英文首字母顺序划分贸易术语

1.2.3　贸易术语的运用

前面简单介绍了 11 种常用贸易术语的类别，本节将按照英文首字母划分贸易术语的顺序，详细讲解各类贸易术语的实际运用。

1. C类贸易术语

C类贸易术语主要有4种，分别为CPT、CFR、CIF和CIP，具体内容如下所述。

1) CPT(Carriage Paid to)

CPT是国际贸易中常见的术语之一，用于规定卖方在何时、何地履行其交付货物的责任，并在何时、何地转移运输风险给买方。在CPT条款下，卖方负责向指定的承运人交货，并支付货物运输至目的地的运费，但不负责购买保险。一旦货物交付给承运人，风险便转移至买方。

> **专家提醒**
> 承运人可以指任何人，本人或委托他人在签订的运输合同中，承诺将通过海陆空等运输方式履行运输义务。

在使用CPT贸易术语进行交易时，买卖双方需要履行的义务各不相同。图1-9和图1-10分别为CPT条款对卖方和买方的相关要求。

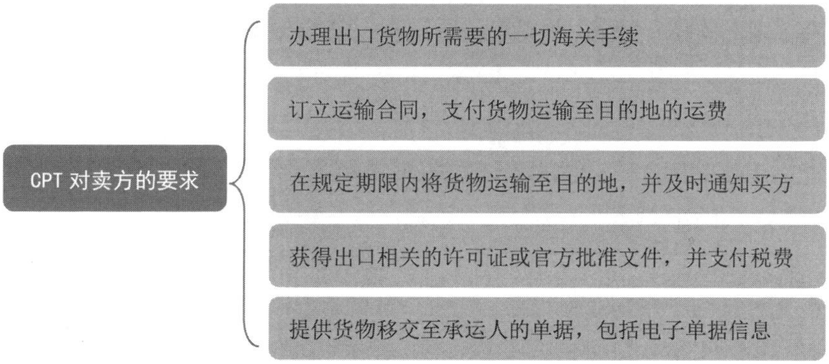

CPT 对卖方的要求：
- 办理出口货物所需要的一切海关手续
- 订立运输合同，支付货物运输至目的地的运费
- 在规定期限内将货物运输至目的地，并及时通知买方
- 获得出口相关的许可证或官方批准文件，并支付税费
- 提供货物移交至承运人的单据，包括电子单据信息

图1-9　CPT条款对卖方的要求

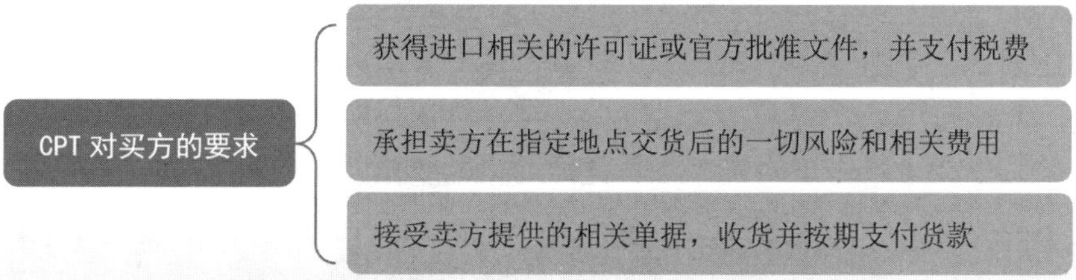

CPT 对买方的要求：
- 获得进口相关的许可证或官方批准文件，并支付税费
- 承担卖方在指定地点交货后的一切风险和相关费用
- 接受卖方提供的相关单据，收货并按期支付货款

图1-10　CPT条款对买方的要求

> **专家提醒**
> CPT的劣势主要体现在风险和运费问题上，卖方需承担货物运输至指定目的地之前的风险和运费，而买方则需要承担货物到达指定目的地后的风险和运费。

如果将货物移交至承运人运输至目的地，或到目的地接收货物，风险则从货物交至承运人时完成转移。

【案例分析】

> 国内W公司欲向美国M公司出口一批玩具，在共同商定合同时，W公司要求按CPT条款签订，而M公司则提出采用CFR条款。由于在选用术语条款的问题上无法达成共识，两家公司最终没有达成交易。
>
> **分析：** W公司之所以选择采用CPT条款，是因为在该条款下卖方只需要将货物交至承运人并支付运费，则完成了交货义务，此时风险便转移至买方。而采用CFR条款，则卖家需要自负费用、责任和风险，货物运输至装运港装船完成交货，然后才能将风险转移给买方。
>
> 对于卖方来说，采用CPT条款能够提前转移风险，减少费用支出和提前交单收汇。同样地，M公司要求采用CFR条款也是因为能在一定程度上降低自身所担负的费用和风险。

在实际贸易往来中，无论是买方还是卖方，都希望能够选择对自己更加有利的贸易术语条款。因此，在采用CPT条款进行交易时，买卖双方应注意以下问题，如图1-11所示。

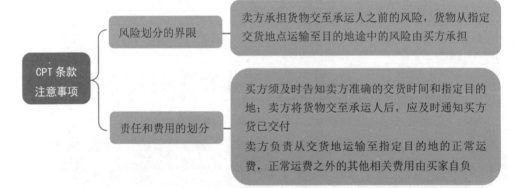

图1-11 CPT条款注意事项

2) CFR(Cost and Freight)

CFR的意思是成本加运费，卖方需要在指定装运港船上交货，并支付将货物运输至指定目的港的费用。图1-12所示为CFR条款对卖方和买方的相关要求。

卖方采用CFR条款只需要支付货物运输至港口装船的运输费用，极大地降低了费用支出和风险。因此，卖方在实际交易中可以尽可能多地使用此类对出口有利的条款，尤其是距离装运港较近的低风险交易。

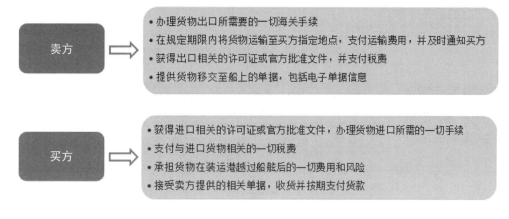

图 1-12 CFR 条款对卖方和买方的要求

【案例分析】

我国 A 公司采用 CFR 条款向荷兰 H 公司出口一批丝绸用品，A 公司在合同期限内委托承运人将货物运输至装运港，并及时通知了 H 公司。交接完毕后，由于 H 公司的疏忽，部分产品损失严重，H 公司要求 A 公司承担一部分损失，但遭到了拒绝。那么，究竟该由哪一方来承担这部分货物的损失呢？

分析： 由 H 公司自己承担。在 CFR 条款下，卖方负责租船、订舱和运输，并及时向买方发送装运通知，而买方负责办理保险事宜。当货物运输至指定装运港后，风险就已经从 A 公司转移至 H 公司了。

专家提醒

在货物起运后，卖方必须及时通知买方，以便买方及时向保险公司办理投保手续，否则卖方就应当承担货物在运输途中受损的责任。只有履行好自己的义务，才能最大化地避免风险。

无特殊说明情况下，使用 CFR 条款交易的装卸费用由卖方承担，计算费用的方式主要有 3 种，具体如下所述。

(1) CFR 价 = FOB 价 + 运费。

(2) CFR 价 = CIF 价 × [1 - (1 + 投保加成) × 投保费率]。

若是大宗的货物交易，在装卸费用较多的情况下，双方就需要明确装卸费用的具体承担方，费用的计算方式也会发生变化，如图 1-13 所示。

3) CIF(Cost, Insurance and Freight)

CIF 的意思是成本、保险费加运费，卖方需要按照合同规定租船、订舱，并将货物运输至指定装运港，支付运费、保险费和其他费用。图 1-14 所示为 CIF 条款对卖方和买方的相关要求。

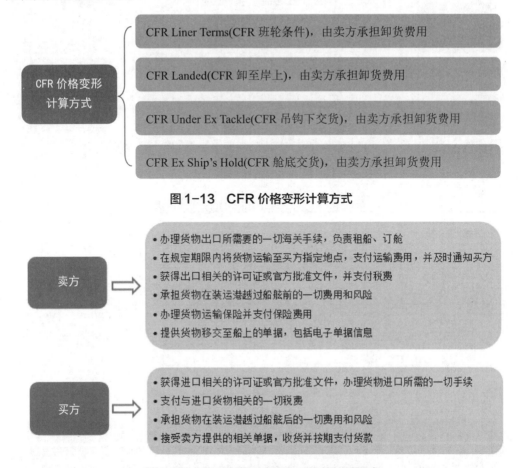

图 1-13　CFR 价格变形计算方式

图 1-14　CIF 条款对卖方和买方的相关要求

需要注意的是，在 CIF 条款下，卖方在合同规定的期限内将货物运输至指定装运港，即完成了交货义务，至于船舶是否开航、何时开航以及运输途中的一切风险或损坏，都无须承担责任。

由此可见，使用 CIF 条款的合同实际上就是一份装运合同，如果买方觉得货物在运输途中遭遇风险的可能性较大，可以与卖方商议改变 CIF 条款合同，或选择其他条款进行交易。

【案例分析】

罗田 A 公司向法国 F 公司出口一批板栗，双方在 CIF 条款合同中规定："货物须在 10 月 1 日之前运输至福斯港，未如期到达，买方有权单方面取消合同，如货款已收，卖方须退还货款。"

分析： 由于运输时间过长有可能导致板栗变质，因此 F 公司要求 A 公司直接运抵目的地，相当于货到付款，但 CIF 条款并不具有此项义务，这一要求其实已经改变了 CIF 条款的实质。尽管这次交易名义上是以 CIF 条款进行，但实际上并不具有 CIF 条款的性质了。

在实际交易中，CIF 条款也可以灵活使用，但前提是变化后的条款不能改变交货的地点和划分风险的界限，而只能改变买卖双方承担费用的责任。其具体的变化情形有以下 4 种，如图 1-15 所示。

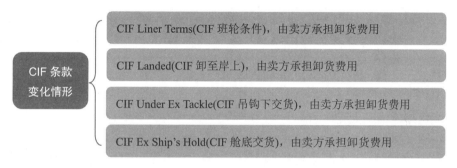

图 1-15 CIF 条款变化情形

4）CIP(Carriage and Insurance Paid)

CIP 的意思是运费和保险费付至指定目的地，卖方需要负责货物运输至目的地的运费和相关保险费。图 1-16 所示为 CIP 条款对卖方和买方的具体要求。

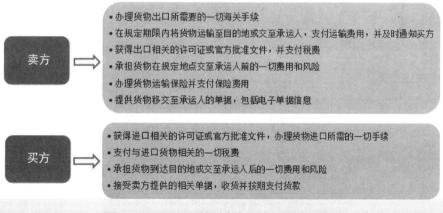

图 1-16 CIP 条款对卖方和买方的具体要求

在 CIP 条款下，卖方的义务相当于是在 CPT 条款的基础上增加了办理运输保险和支付保险费用两项业务，卖方需要尽可能减少自身损失，灵活地进行投保。卖方为货运投保属于代办性质，并不意味着需要承担运输途中的风险，货物从交货地运输至目的地途中的风险由买方承担。

卖方应当遵照双方约定好的险别进行投保，保险金额一般是在合同价格的基础上加成10%办理。如果买方要求超过10%但低于30%的保险加成(超过30%保险公司不一定承保)，卖方通常会选择接受，并将增加的费用平摊到对外报价中。因此，卖方报价时需要综合考虑各项费用的具体情况，并密切关注运费价格和保险费率的变动趋势。

专家提醒

CIP适用于各类运输方式，交货地点由双方共同协定，风险在承运人控制货物时转移，卖方不仅需要投保货物水上运输险，还包括其他各种运输险。

2. D类贸易术语

D类贸易术语主要有3种，分别为DPU、DAP和DDP，具体内容如下。

(1) DPU(Delivered at Place Unloaded)

《2020年国际贸易术语通则》将DAT改为DPU，DPU是指由卖方将货物交付至买方所在地可以卸货的任何地方，强调卸货地不一定是"终点站"，但要负责卸货，并承担卸货费。图1-17所示为DPU条款对卖方和买方的具体要求。

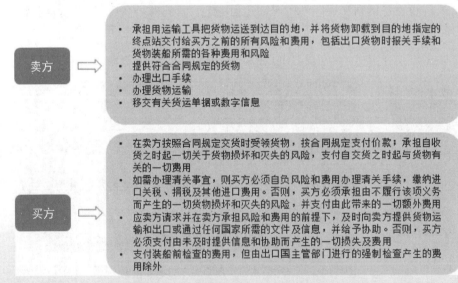

图1-17　DPU条款对卖方和买方的具体要求

买卖双方选择DPU贸易术语时，无须再另外约定卸货地点，不仅可以减少争议的发生，同时可以更加灵活地选择术语，更符合买卖双方的需求。买卖双方在签订合同时,应注明贸易术语使用的具体版本,避免引起不必要的纠纷。

2) DAP(Delivered at Place)

DAP 的意思是指定目的地交货,卖方将货物运输至指定目的地交至买方,并办理货物出口的相关手续,即可完成交货。DAP 和 DPU 同属于边境交易术语,买卖双方承担的义务基本与 DPU 相似。不同之处在于按照 DAP 条款的规定,卖方将货物运输至指定目的地交给买方处理,无须卸载货物即可完成交货。

同时,DAP 也是国际商会在《2010 年国际贸易术语通则》中新增的贸易术语,以之取代了原先的 DAF、DES 和 DDU。可以说,DAP 是三者的合体,既包括了它们的某些特征,又不完全相同。在使用 DAP 条款时,应注意以下事项,如表 1-2 所示。

表 1-2 使用 DAP 条款的注意事项

注意类型	具体内容
明确交易信息	买卖双方应商定好具体的交货地点和时间,如未明确要求,卖方可自行选择
明确费用责任	卖方承担货物从装运地至指定目的地的一切费用和风险
风险和费用划分	风险和费用的划分以双方指定的交货地点为界
无须卸载货物	卖方将货物运输至指定目的地交至买方处,无须卸货即可完成交货

3) DDP(Delivered Duty Paid)

DDP 的意思是在指定目的地完税后交货,卖方需要将货物运输至指定目的地,承担期间的一切风险和费用,办理完进口清关手续即可完成交货。使用 DDP 条款,卖方除了需要承担 DPU 和 DAP 条款的所有责任外,还必须负责办理买方进口过海关所需的一切手续,并承担其费用和风险。

DDP 目前在国际贸易中很受欢迎,对于买方来说,DDP 是一种省时省力的交易方式,但从卖方的角度来看,DDP 则是具有较大风险和成本的交易方式。因此,卖方在使用 DDP 进行交易时,要尽可能地降低风险。

【案例分析】

我国 A 公司以 DDP 条款向德国 D 公司进口一批机器,货物装运完成支付货款时,A 公司在账单上发现了一笔额外的驳运费并对此提出异议,要求撤销这笔费用。D 公司说明是由于目的港的海水太浅,大船无法停靠,因而需由小船转运,要求 A 公司支付因此产生的驳运费。

分析: 在国际贸易中,驳运费是指海港到内支线或小港口支线所产生的费用。由于卖方需要承担货物运输至目的地之前的一切风险和费用,且合同中并未包含这笔费用,因此 A 公司无须支付这笔驳运费。

由此可见，DDP 条款的难度就在于卖方不想承担过多的风险和费用，买方也不想投入多余的成本。具体来说，DDP 的风险性主要体现在 3 个方面，如图 1-18 所示。

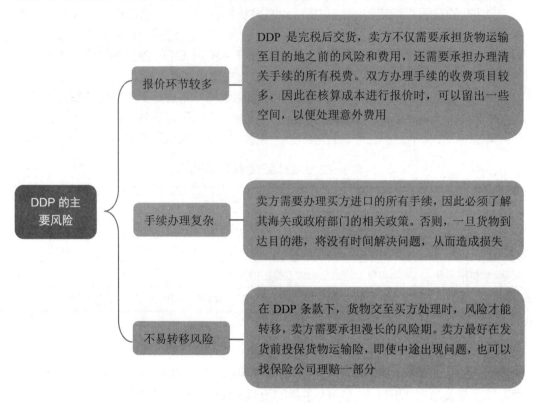

图 1-18　DDP 的主要风险

不得不说的是，收益和风险并存，风险越大收益也就越大。大家使用 DDP 条款进行交易时，做好风险防范工作，将风险控制在最小范围内，就能够获得更丰厚的利润。除了从操作上降低风险外，还可以从以下几方面入手。

(1) 发货前购买运输险，为运输途中可能出现的意外增加保障。
(2) 与经验丰富、实力雄厚的货代公司合作。
(3) 在不能直接或间接获取买方进口许可证的情况下，不适用 DDP 条款。

3．E 类贸易术语

EXW(Ex Works) 的意思是在指定工厂交货，卖方在指定地点将货物交至买家处理，即可完成交货。图 1-19 所示为 EXW 条款对卖方和买方的具体要求。

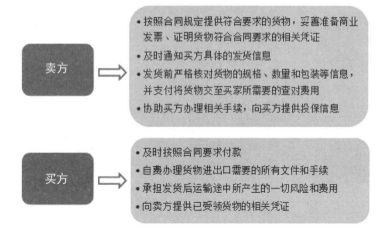

图 1-19 EXW 条款对卖方和买方的具体要求

与 DDP 恰恰相反，EXW 对于卖方来说是风险和成本较小的交易方式。卖方只需将交货地点设定在熟悉且易掌控的处所，如自己的公司、仓库和工厂等，并通知买方具体的交货地点和时间，运输途中产生的一切风险和费用都由买方承担。

【案例分析】

> 云南 A 公司以 EXW 条款向新加坡 X 公司出口一批咖啡豆，为了方便交易，双方在合同中协定卖方须在 9 月 5 日前将货物运输至仓库，买方须在 9 月 15 日前提货。A 公司按照合同规定将货物运输至指定地点并及时通知 X 公司，但 X 公司的工作人员直到 10 月上旬才来收货。
>
> 由于受到外界因素的影响，部分咖啡豆已经变质，X 公司要求更换这部分损坏的产品，但遭到拒绝，双方产生争议。
>
> **分析：** 根据 EXW 条款的规定，X 公司没有如期到达指定地点取货，应自己承担货物损坏的后果。

在实际交易中，完全按照某项条款的规定进行操作的情况并不多，大多会根据实际情况对条款内容作一些调整。但需要注意的是，更改的内容需要经过买卖双方同意，如果买方希望卖方承担某种费用或办理某种手续，必须在双方商定统一后明确写入合同中。

4. F 类贸易术语

1) FOB(Free on Board)

FOB 的意思是在指定装运港船上交货，卖方应按照合同规定，将货物及时运输至买方指定船上。FOB 又可称为"离岸价"。该条款对卖方和买方的具体要求，如图 1-20 所示。

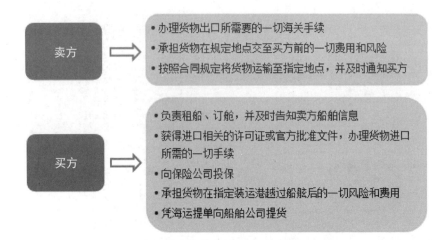

图1-20 FOB条款对卖方和买方的具体要求

在使用 FOB 条款进行交易时，交接货物是最容易出现差错的环节。如果卖方没有按照合同规定的时间将货物运输至指定地点，或没有及时发送通知造成买家没有为货物投保，致使货物在运输途中遭受损失，卖方必须承担所有的责任。

双方约定好交货的地点和时间后，非必要情况下最好不要随意更改，更改后也要及时发送通知，否则出现差错就需要承担相应的责任。

【案例分析】

湖南 A 公司以 FOB 条款向日本 R 公司出口一批辣椒，双方在合同中规定货物须于 7 月 1 日之前抵达秋田港，由于装船延迟抵达而造成的损失和额外费用，由 A 公司承担。

合同签订后，R 公司以口头形式通知 A 公司，由于天气原因，希望延迟 15 天装运。但 A 公司早已将货物准备妥当待运输，且推迟装运会增加成本，因此 A 公司及时回复拒绝了 R 公司的请求，并要求 R 公司按时委派船舶抵达指定地点。

到了合同规定期限，R 公司未如期履行责任安排船舶运输货物，货物存储地受台风影响损失严重。A 公司立即致电 R 公司，要求其承担全部损失，R 公司拒绝了赔偿要求，因此被起诉至法院。

分析： 按照 FOB 条款的规定，货物虽然还未交付，但 A 公司履行了相应的义务，风险已经转移至 R 公司，且 R 公司发生违约行为。最终，法院判决 R 公司承担所有的责任并赔偿 A 公司相应的经济损失。

2）FCA(Free Carrier)

FCA 的意思是货交承运人，卖方按照合同规定的时间和地点，将货物交至买方指定承运人并办理出口清关手续，即可完成交货。图 1-21 所示为 FCA 条款对卖方和买方的具体要求。

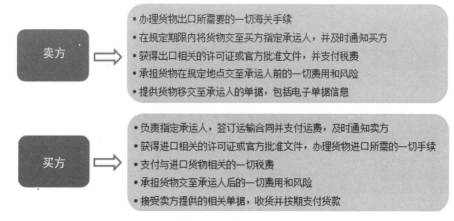

图 1-21 FCA 条款对卖方和买方的具体要求

采用 FCA 条款时，承运人是非常重要的一环，承运人的主要责任就是保证货物按时、安全地运输至目的地。运输期间发生的一切风险和损失，都由承运人承担，承运人的责任期一般从卖方交付货物时起，至交付给买方止。

【案例分析】

> 我国 A 公司以 FCA 条款向韩国 H 公司出口一批食材，合同规定由 H 公司指定承运人。承运人将货物运输至指定目的地与买方完成交接后，由于存放货物的仓库常年失修，屋顶塌陷造成货物损失，H 公司得知后拒绝支付货款。
>
> **分析：** H 公司拒付是否合理？答案显然是否定的。当承运人在指定地点将货物交至 H 公司处理时，风险就已经从承运人转移至 H 公司了，H 公司应该承担交货后的一切风险和费用。

使用 FCA 条款进行交易时，买卖双方需要明确交货的具体时间和地点，风险转移应以货物交至承运人处理为界限。在运输途中，承运人要严格按照合同履行义务，若造成损失也应承担相应责任。

3) FAS(Free Alongside Ship)

FAS 的意思是在指定装运港船边交货，卖方按照合同规定将货物运输至指定港的船边，即完成交货，此后货物的一切风险和费用由买家承担。图 1-22 所示为 FAS 条款对卖方和买方的具体要求。

按照 FAS 条款的规定，卖方只需承担货物运输至指定装运港船边期间的风险，此后的一切风险和费用都由买方承担。FAS 条款对于卖方来说，是一种低风险、低成本的交易方式。

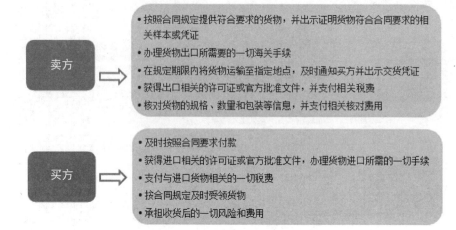

图1-22 FAS条款对卖方和买方的具体要求

第 2 章

岗位要求：外贸工作岗位从业条件

学前提示　　从事外贸相关的工作，前期需要从业者投入很多精力去学习和经营，当你积累够一定的人脉和资源后，即可轻轻松松做到月入过万。

同时，随着互联网的不断发展，外贸工作人员的上班地点也变得更加灵活。从事外贸工作的人员，从表面上看起来收入高、工作内容简单，但是如果你不具备足够的从业条件，显然是很难做成功的。

要点展示
- ▶ 外贸是一个怎样的职业
- ▶ 快速熟悉新公司和产品
- ▶ 外贸新人职场必知礼仪

2.1 外贸是一个怎样的职业

外贸这个职业,给大家的感觉就是非常厉害,能够和外国人做生意,还可以经常出国,出入各种高档酒店。其实,这只是一小部分顶尖外贸人的日常工作,那么大部分的外贸岗位是做什么的呢?本节将带大家认识外贸这个职业。

2.1.1 了解外贸岗位的基本情况

外贸的相关工作岗位主要包括外贸部经理和外贸业务员,下面分别从岗位描述和任职要求两方面对其进行分析,帮助大家了解外贸岗位的基本情况。

1. 外贸部经理

外贸部经理的职责主要是负责带领自己的团队开展对外贸易活动,其岗位描述如图 2-1 所示。

```
                    ┌─ 主持外贸部的日常管理工作,优化贸易业务的操作流程
外贸部经理           │
的岗位描述  ────────┼─ 维护老客户,开发新客户,做好客户的维护及服务工作
                    │
                    └─ 制订业务计划并主导实施,负责订单的生产及采购安排
```

图 2-1 外贸部经理的岗位描述

当然,不同的企业对外贸部经理的具体岗位描述也会有差别,企业可以根据自己的业务需求进行适当调整。对外贸部经理的职位描述如图 2-2 所示。

> 职位描述:
> 女性,35岁以下,五官端正,大专以上学历。具有同等职位多年以上工作经验,熟悉国际贸易业务、流程,熟练掌握英语沟通技巧,读、写能力强,熟悉各种外贸业务流程与运作。具有业务团队管理经验,能带领团队开发国外市场,完成公司下达的任务。
> 有良好的沟通能力,工作积极主动、责任心强,有高度的执行力,具有开拓精神,勇于面对挑战。
> 1. 执行公司的外贸销售计划并分解给团队完成。
> 2. 公司产品业务拓展,接单。
> 3. 国外电子发布产品销售信息,整合传播产品信息。
> 4. 维护发展新老客户追踪生产订单状况。
> 5. 提供相关售后服务,及时反馈投诉问题,处理与订单相关的一切事宜。
> 6. 负责统计各项销售数据,提供外贸销售业绩的统计、查询、管理。
> 7. 协助公司做好外贸销售的售后服务工作。
> 8. 策划公司产品参加行业展会。
> 9. 有国外欧式照明灯具行业销售客户资源与经验者优先。

图 2-2 相关企业招聘时对于外贸部经理的职位描述

外贸部经理的基本任职要求为英语达到 CET-6 或以上；具备 5 年以上的外贸工作经历及管理经验。图 2-3 所示为某企业招聘信息中对于外贸部经理的任职要求的描述。

职位要求：
1. 具有完备的销售策略，熟悉大功率LED节能灯产品或传统照明销售市场。
2. 具有五年以上照明产品业务推广经验，三年以上外贸部经理工作经验；具备良好的抗压能力。
3. 具有一定的客户资源，能够独立开展业务者待遇从优。
4. 对市场营销有独到见解及较清晰的市场开发方向。
5. 能有效地进行公关工作，开发通路市场。
6. 必须遵守公司规范，执行公司的各类营销策略，积极开拓新渠道。
7. 本公司实行业绩奖金制度，为员工提供良好广阔的自我发展平台。

图 2-3　某企业招聘信息中对于外贸部经理的任职要求的描述

2. 外贸业务员

外贸业务员除了要不断学习相关的贸易和产品知识，提升自己的专业水平，还需要熟悉自己的岗位内容，其岗位描述如图 2-4 所示。

外贸业务员的岗位描述
- 负责外贸市场的开发工作，努力完成任务目标
- 处理客户的需求，服务要主动、热情、满意和周到
- 做好企业销售平台的日常维护工作，及时发布并更新信息
- 与客户洽谈订购事宜，确保外贸合同能够如期履行
- 客户建档，并与其保持长久的联系与长期的合作关系
- 回复客户的售前咨询，推广和销售公司的产品
- 掌握市场动态信息，负责相关外贸单证的制作及审核

图 2-4　外贸业务员的岗位描述

外贸业务员的基本任职要求如下所述。
(1) 对外贸行业感兴趣，能够适应高压力、快节奏的工作需要。
(2) 有良好的沟通协调能力，做事有条理。
(3) 有良好的职业道德感，能够积极完成上级安排的各项工作。
(4) 具备良好的英语听说读写能力，能够熟练运用各种办公软件。

(5) 具备两年以上相关工作经验，能力出众者可适当放宽。

2.1.2 了解外贸岗位的工作流程

外贸岗位的工作其实说起来也比较简单，无非就是和外国人做生意，赚外国人的钱。但是，在实际操作过程中，还有很多细节需要注意。下面将外贸岗位的工作流程进行拆解，让大家更加明白做外贸的整个流程。

1. 外贸准备

对于外贸新人来说，首先需要做好相关的工作准备，具体流程如图 2-5 所示。

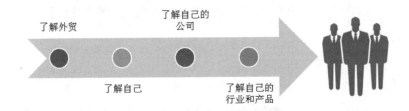

图 2-5　外贸准备的流程

2. 开发客户

当你做好从事外贸工作的相关准备后，即可尝试开发自己的客户并拿下订单，具体流程如图 2-6 所示。

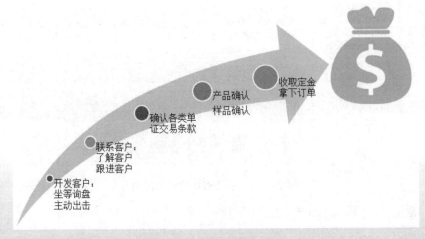

图 2-6　开发客户的流程

3. 完成订单

当你拿下客户和订单后,接下来即可安排生产,并给客户发货,具体流程如图 2-7 所示。

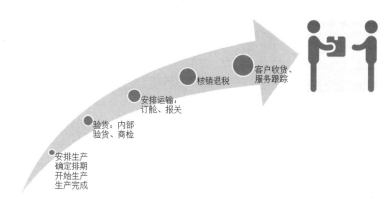

图 2-7 完成订单的流程

2.1.3 了解外贸岗位的工作要求

从事外贸工作的人员首先需要能够承受住贸易战的心理压力,并达到外贸岗位的基本工作要求,要想做得更好,可以从以下两个方面努力。

1. 提升自身素质

外贸人员的基本工作职责就是做好上级分配的工作,开发新客户,维护老客户。同时,企业还需要制定一整套完善的业务薪资体制,让外贸人员努力争取自己该得的部分,这样才能为企业带来稳定的发展。

外贸人员在进入企业时,必须做好长期工作的准备,这样才能更好地熟悉产品,并且积累到对应的客户资源。这样,外贸人员不仅可以从自己的工作成果中获利,同时也可以为企业谋取更大的利益。

由于地理位置和文化背景的差异,因此外贸跟其他贸易方式的区别也比较大,这就要求相关的工作人员必须使用一套成熟的被大家都认可的正规系统,所有的文件或信函都需要符合国际惯例,并采用固定的格式和规范。另外,外贸人员还需要注意正规性和细节的把握,如图 2-8 所示。

对于细节的把握也很好理解,就是使客户能够从微小的细节中看出你的工作态度,能够获得他们的信任。

2. 精通企业产品

如果外贸人员连自己所在的行业和产品都不熟悉,将很难把产品卖出去,更谈不上获得客户的信任了。外贸人员可以从以下几方面来精通自己所在的行业和企业的产品，如图 2-9 所示。

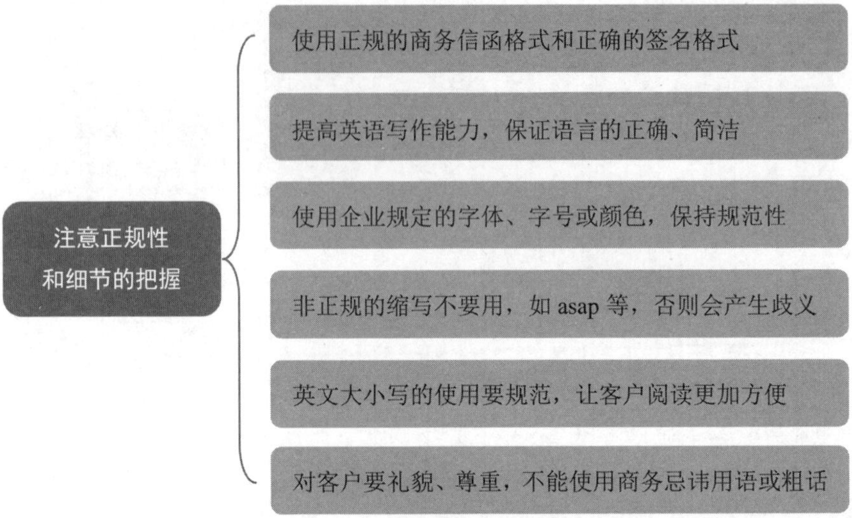

- 注意正规性和细节的把握
  - 使用正规的商务信函格式和正确的签名格式
  - 提高英语写作能力，保证语言的正确、简洁
  - 使用企业规定的字体、字号或颜色，保持规范性
  - 非正规的缩写不要用，如 asap 等，否则会产生歧义
  - 英文大小写的使用要规范，让客户阅读更加方便
  - 对客户要礼貌、尊重，不能使用商务忌讳用语或粗话

图 2-8　注意正规性和细节的把握

- 精通企业产品的方法
  - 多到生产车间去熟悉产品，全面了解与产品的相关知识
  - 整理客户沟通的过往信函，了解与产品相关的知识
  - 敢于独立思考和质疑，不懂的地方一定要弄清楚
  - 多与其他外贸人员交流，可以节省更多的时间和精力
  - 将产品相关知识整理成文档，将其牢记在自己心中

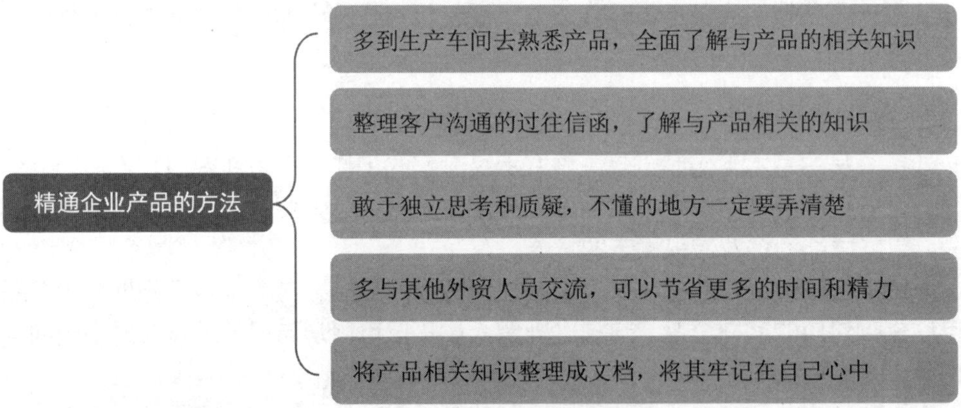

图 2-9　精通企业产品的方法

2.1.4　摸清岗位前任离职的原因

　　每个公司都很重视员工和团队的稳定性，大家在工作前可以先了解自己中意岗位的前任离职的原因。大体来说，离职可以分为晋升、解雇和辞职 3 类，通过摸清岗位前任离职的原因，可以掌握一些关键信息，具体作用如图 2-10 所示。

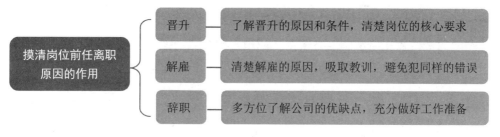

图 2-10 摸清岗位前任离职原因的作用

2.1.5　了解公司对该岗位的评价

新入职的员工首先要充分了解公司绩效考核标准,不懂的地方多向部门的优秀员工学习,做好充分准备迎接新挑战。

一般来说,公司对工作岗位都有具体的评价标准,例如考核员工的工作效率、生产率和业绩是否达标,达到甚至超过考核标准的员工,可以获得更丰厚的报酬,或者快速得到晋升。

2.2　快速熟悉新公司和产品

进入一家新公司的时候,大家都希望能够快速且正确地熟悉新公司的业务和产品,这样才能更好地进入工作状态。本节就从 4 个方面出发,介绍快速熟悉新公司和公司产品的方法。

2.2.1　了解公司的基本资料

作为一名外贸新手,对所在公司的基本资料必须有充分了解,这样在向客户介绍相关信息时,就能给客户带来专业的感受,从而博得客户好感,增加下单机会。了解公司基本资料,可以从以下几个方面入手,如图 2-11 所示。

图 2-11　了解公司基本资料的方法

2.2.2 了解公司的组织架构

组织架构能够让员工明确公司各个部门的关系，明确部门职能，从而准确地找到自己的定位，快速融入公司。图2-12所示为员工了解公司组织架构的好处。

员工了解公司组织架构的好处：
- 清楚自己的岗位职责和同事的工作关系，明确职责
- 明确与公司领导的上下级关系，向直系领导报告工作
- 了解工作晋升渠道，确立自己的工作目标和职业方向

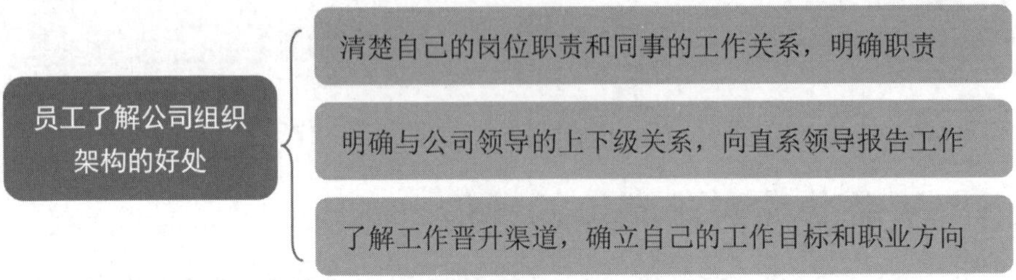

图2-12 员工了解公司组织架构的好处

一般来说，公司的组织架构可以使用线条来表示各部门的相互关系，其中就包含了上下级关系、平级关系和助理关系等，部门关系越完整和明确，员工对汇报关系就越明了。图2-13所示为外贸公司组织架构示例。

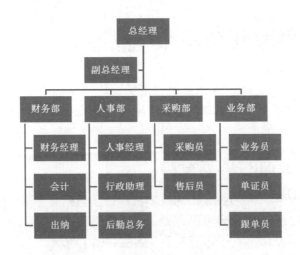

图2-13 外贸公司组织架构示例

2.2.3 了解公司的规章制度

新人想要快速地融入新环境，就需要遵守公司的规章制度，而不是随心所欲地按照自己的想法工作。公司员工需要自觉地按照公司的各项规章制度，服从公司对工作的安排和调动，这是公司正常运转的基本保障。图2-14所示为新员工了解公司规章制度的主要内容。

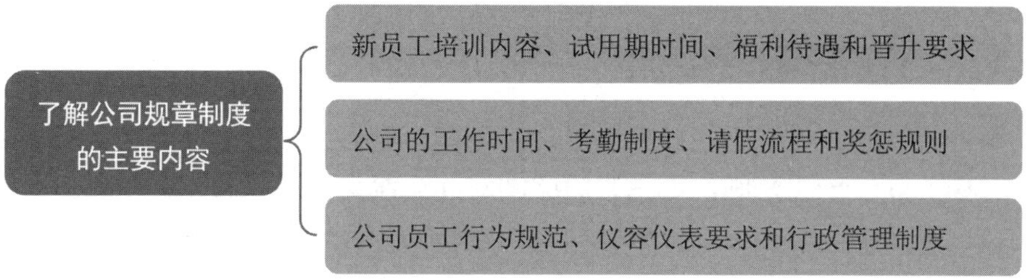

了解公司规章制度的主要内容 { 新员工培训内容、试用期时间、福利待遇和晋升要求

公司的工作时间、考勤制度、请假流程和奖惩规则

公司员工行为规范、仪容仪表要求和行政管理制度 }

图 2-14　了解公司规章制度的主要内容

2.2.4　熟悉公司的产品服务

一名优秀的外贸人员，必须非常清楚地知道公司产品的优势和用途，从而快速地找到目标客户进行沟通。如果外贸人员对公司的产品服务一无所知，即使处在拥有优质客户资源的公司，也无法将产品专业地推荐给客户。

想要自信且专业地和客户进行交流谈判，就需要全面了解公司的产品服务。除此之外，还可以从各种渠道了解其他竞争者的产品，找出对比的差异，这样能更好地了解自己所在公司生产的产品的各种特性。图 2-15 所示为熟悉公司产品服务的方法。

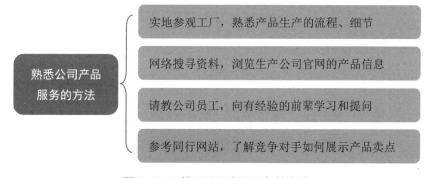

图 2-15　熟悉公司产品服务的方法

2.3　外贸新人职场必知礼仪

当外贸新人刚进入公司工作时，第一次与外国客户进行交流时难免会产生紧张心理，俗话说"一回生，二回熟"，大家首先要掌握一些基本的职场礼仪，只要从容、大方地面对客户，就很容易给对方留下一个好印象。本节主要从 7 个方面出发，为各位外贸新人介绍初入职场的必知礼仪，帮助其自信地面对外国客户。

2.3.1 与客户电话交流

从事外贸行业,与外国人打电话是日常工作,与客户打电话交流比电子邮件交流更直接、更高效。一般来说,电话交流比面对面交流更容易,因为看不到对方的外貌和表情,只需关注声音即可。但外贸新人初入职场,与外国客户通话难免会遇到各种各样的问题,下面就针对这些问题,为大家提供一些实用的解决办法。

1. 常见通话问题

外贸新人第一次与外国客户电话交流时,比较常见的问题是没有用外语通话,因为紧张而语无伦次;或由于对方语速比较快,无法完全听懂所讲的内容。大家首先要克服与陌生外国客户打电话的恐惧心理,并遵守外贸沟通的基本礼仪。具体的礼节性口语如下所述。

(1) 与外国客户通话时,要主动介绍自己的名字,若对方没有介绍自己的姓名,也可以礼貌询问。

> 您好,我是×××。
> Hello, this is ××× speaking.
> 请问您是哪位?
> Who is calling, please?
> May I have your name, please?

(2) 对方语速过快,没有听懂所讲内容时,可以参照以下例子委婉地表达。

> 我有些跟不上您,您可以讲慢一点吗?
> I can't keep up with you. Could you speak more slowly?
> 抱歉,我没有听清,您愿意再说一遍吗?
> Sorry, I didn't catch you. Would you say it again?
> 我的英文不太好,跟不上您,您愿意说慢一点吗?
> My English is not good enough to keep up with you. Would you like to speak more slowly?

(3) 周围环境嘈杂,无法听清对方所讲内容时,千万不要说"Could you make it clear?"(您可以讲清楚一点吗?)。因为使用"clear"这个单词会让外国客户觉得是在指责自己口齿不清、表述不明,这是一种不尊重的表达。可以换一些更恰当的语句向对方说明,具体如下所述。

> 这边太吵了,您介意再说大声一点吗?
> It's too noisy here. Would you mind speaking louder?

我听不见您说话，您介意说大声一点吗？
I can't hear you. Would you mind speaking a little louder?

（4）当工作繁忙没有充分的时间与客户交流时，可以先与客户说明情况，表示忙完之后再给对方回电，具体表达如下所述。

感谢您的来电，但现在不方便和您沟通，稍后给您回电可以吗？
Thank you for calling, but it's not convenient to communicate with you now. Can I call you back later?
很抱歉，现在无法及时地回复您，稍后会给您回电详聊。
Sorry, I can't reply to you in time. I will call you back for a detailed chat later.

大部分外国客户都很善解人意，对非常礼貌的外贸人员通常会留下一个好印象，即使外贸人员的表达不是十分流利，也会耐心地进行交流。因此，各位外贸新人要放松心态，掌握好沟通的基本礼仪。

专家提醒

需要注意的是，在电话里没有听清或无法确认的信息，需要及时地与客户发送电子邮件进行确认，避免出现差错。

2. 常用通话口语

熟能生巧。一些常用的通话口语大家在日常生活中可以多加练习，当这些常用口语能够脱口而出时，自然就增强了与外国客户交流的自信心。为了帮助各位外贸新人更加自如地与外国客户通话，下面介绍一些常用的通话口语。

1）给国外客户拨打电话

您好，这是×××公司。有什么可以帮您的吗？
Hello, this is ××× Company. May I help you?
Hello, this is ××× Company. How can I help you?
XXX Company. What can I do for you?
您好，我想找×××。
Hello, can I talk to ×××?
Hello, I want to talk with ×××.
很抱歉这么晚打电话给您。
I'm sorry to call you so late.
I hope I didn't catch you at a bad time.
I'm sorry to bother you at this hour.

可以留言吗?

Could you take a message, please?

Can I leave a message?

请她回电话给我。

Please have her return my call.

Could you ask her to call me back?

您可以为我拼写一下吗?

Would you mind spelling that for me?

Could you spell that for me, please?

2) 接听国外客户的电话

请问您是哪位?

Who is calling, please?

May I ask who is calling?

May I have your name, please?

May I ask what company you are calling from, please?

请稍等一会儿。

Would you please wait a moment?

Please wait a while.

Just a moment, please.

One moment, please.

Hold on, please.

请问您找谁?

Who would you like to speak to?

Excuse me, who are you looking for?

很抱歉,您好像打错电话了。

I'm sorry. It seems you have the wrong number.

Sorry, it looks like you made the wrong call.

对不起,他现在不在。

Sorry, he is not here now.

I'm sorry, but he is out of the office right now.

Sorry, he is not in right now.

需要留言吗?

Would you like to leave a message?

Do you need to leave a message?

感谢您的来电。
Thanks for calling and have a great day.
Thank you for your calling.

2.3.2 机场外迎接客户

当与外国客户约定见面，在机场迎接客户时，首先要与对方确定好见面的具体地点，如机场的停车场出口等，避免耽误不必要的寻找时间。其次要遵守约定时间，提早到达见面地点，让客户久等是非常不礼貌的行为。表 2-1 所示为迎接客户的基本流程与常用口语表达。

表 2-1 迎接客户的基本流程与常用口语表达

基本流程	常用口语表达
迎接客户	(1)您好，请问您是来自美国的詹姆斯先生吗？ Hello, are you Mr. James from the United States? (2)詹姆斯先生，我是××公司派来接您的，您可以叫我××，让我帮您拿行李吧。 Mr. James, I'm sent by ×× company to pick you up. You can call me ××. Let me help you with your luggage.
见面寒暄	(1)詹姆斯先生，旅途还愉快吗？ Mr. James, did you have a good journey? (2)今天天气很好，您是第一次来中国吗？ Today's weather is lovely! Is it your first time to come to China? (3)这是我的名片，您可以随时联系我。 Here is my business card. You can contact me at any time.
车辆接送	(1)经历了这么久的旅途您一定累了，我们为您准备了去酒店的车辆。 You must be tired after such a long journey. We have prepared a vehicle for you to go to the hotel. (2)如果一切都准备好了，就请上车吧。 If everything is ready, please get in the car.
办理入住	(1)您的入住手续都已办理妥当，希望您休息好。 Your check-in procedures have been completed. I hope you have a good rest. (2)今天好好休息，明天我再来接您。 Have a good rest today. I'll pick you up tomorrow.

接待外宾是一项细致、热情，讲究礼仪、礼貌的工作。外贸人员迎接客户前，必须准确地了解客户的航班信息和喜好。只有做好充分的准备工作，让客户获得宾至如

归的感受，才能给其留下好印象。图 2-16 和图 2-17 所示为机场举牌等待客户和迎接客户。

图 2-16　机场举牌等待客户

图 2-17　机场迎接客户

2.3.3　为客户安排日程

在为客户做日程安排时，一定要充分考虑客户的喜好与习惯，在以客户意愿为基础的前提下，安排合适的日程。图 2-18 所示为安排客户日程的注意事项。

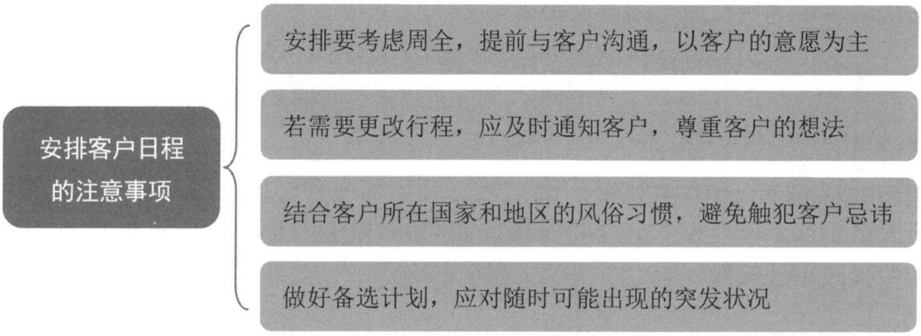

```
                    ┌─ 安排要考虑周全，提前与客户沟通，以客户的意愿为主
                    │
安排客户日程  ───────┤   若需要更改行程，应及时通知客户，尊重客户的想法
的注意事项          │
                    │   结合客户所在国家和地区的风俗习惯，避免触犯客户忌讳
                    │
                    └─ 做好备选计划，应对随时可能出现的突发状况
```

图 2-18　安排客户日程的注意事项

为客户安排日程，要做到合情合理，不仅要让客户玩得开心，还要让客户工作得舒心。避免差错的有效方法之一，就是与客户及时沟通，确定好具体日程。下面介绍一些安排客户日程的常用口语。

这是我们为您准备的日程表。
Here's the schedule we've prepared.
不知道您是否满意这个日程表？我们想了解您的意见。
I wonder if you are satisfied with this schedule? We want to know your opinion.
星期一上午怎么样？
How about Monday morning?
今天任何时间都可以。
Any time today will be fine.
除了星期二，哪一天都可以。
Any day except Tuesday is fine.
请问您什么时候比较方便？
When would it be more convenient for you?
十分抱歉，明天的行程已经安排满了。
I'm very sorry, but the schedule for tomorrow is full.
关于这个日程安排您还有什么要补充的吗？
Is there anything you'd like to add regarding the schedule?
我明天早上9点来酒店接您，请您在大厅等我。
I'll pick you up at 9:00 tomorrow morning. Please wait for me in the lobby.
我们为您准备了丰盛的晚餐，明晚6点来接您，可以吗？
We have prepared a sumptuous dinner for you. Can we pick you up at 6 o'clock tomorrow evening?

如果您想要更改日程，请随时告知我。
If you want to change your schedule, please feel free to let me know.
我们真诚地希望你们在这里过得愉快。
We sincerely hope that you will have a good time here.

值得一提的是，在与外国客户交谈时，在句前或句后加上对方的名字，就会显得与对方关系更加亲密，使对方更有好感，如"Hi, Loki. How are you today?"（嗨，洛基，今天过得还好吗？）。

2.3.4 向客户介绍产品

与客户面对面交流，比在互联网上沟通更加方便，客户能直观地感受到产品的优点。因此，外贸人员要把握好这个机会，向客户全方位介绍公司的产品。图 2-19 所示为向客户介绍产品的技巧。

```
                    ┌─ 展示公司最具代表性、销量最好或最受好评的几种产品
                    │
向客户介绍           ├─ 详细介绍产品的主要优点、最大卖点和核心竞争力
产品的技巧           │
                    ├─ 展示产品的说明书和相关资质证明，增强产品的可靠性
                    │
                    └─ 展示回头客的订单记录和好评，侧面体现产品的价值
```

图 2-19 向客户介绍产品的技巧

向客户介绍产品，目的就是为了让客户对产品更了解、激发客户的兴趣，并增加客户下单的可能性。因此，外贸人员需要尽可能详细地向客户介绍产品。介绍产品的常用口语如下所述。

我们的商品在与贵方类似的其他市场上也广受好评。
Our goods are greatly appreciated in other markets similar to your own.
凭借优良的质量，这种产品在许多地区经常售罄。
With excellent quality, this product is often sold out in many areas.
这是一件畅销产品。
It's a best-selling product.
此类产品的需求量很大。
There's a great demand for it.
我们的产品品质优良，价格适中，在贵方市场上一定很畅销。

Our products are of high quality and moderate prices, and they must be very popular in your market.

我们的产品不仅和其他产品一样便宜，而且在以下几个方面都有明显的优势。

Our products are not only as cheap as those in other markets, but also have obvious advantages in the following aspects.

我们的产品具备您需要的所有功能，且比印度产品便宜20%，我向您强烈推荐。

Our products have all the features you need and are 20% cheaper than Indian products, I strongly recommend them to you.

这些机器由于机械构造简单，所以很少出故障，易于保养。

These machines have few breakdowns and are easy to maintain because of their simple mechanical structure.

这种机器有三年免费保修期。

This type of machine has a three year guarantee free of charge.

这些是我们市场上最畅销的产品。

These products are the best sellers in our market.

这款产品需求量很大，我们收到了很多其他地区发来的询盘。

This product is in great demand, we have received many inquiries from other regions.

您的眼光真不错。

You certainly have an eye for good things.

从某种程度上看，向客户介绍产品也可以说是向客户推销产品，外贸人员要最大化地向客户展示产品的优点，说服客户下单。因此，外贸人员不仅要掌握销售产品的技巧，还要学会熟练地使用英语表达。

2.3.5 陪客户参观工厂

陪同客户参观工厂是外贸交易的关键一步，对于客户来说，参观工厂能够真实地了解产品的生产过程和其他具体信息；对于外贸公司来说，也能够在一定程度上展示自身实力。图 2-20 所示为参观工厂的好处。

参观工厂的好处
- 有助于公司推广产品，树立良好形象
- 眼见为实，增强产品的可信度和可靠度
- 有利于客户全面了解产品，增加下单率

图 2-20　参观工厂的好处

外贸人员只有对工厂的产品和信息了如指掌,才能全面地向客户介绍。此外,要事先规划好参观的路线和其他事项,带领客户参观工厂时要做到井井有条,而不是漫无目的地闲逛。下面就分享一些陪客户参观工厂的常用口语。

很高兴你们能来参观工厂。
I am very glad that you can visit the factory.
这是您第一次参观我们的工厂,我带您四处看看,参观期间请随时提问,我乐意为您解答。
This is your first visit to our factory. I'll show you around. Please feel free to ask questions during the visit. I'm happy to answer them for you.
参观时请佩戴好安全帽。
Please wear safety helmet when visiting.
让我先给您这份部门清单。
Let me give you this list of departments first.
此次参观大概需要两个小时,我们首先从生产线开始吧。
This visit will take about two hours. Let's start with the production line.
只要您准备好了,我们随时可以开始。
We can start at any time you're ready.
这里是我们全部的最新设备。
Here are all our latest equipment.
请注意脚下。
Please watch your step.
我们还有很多时间,所以如果您想在哪里逗留一下,请尽管说。
We still have plenty of time, so if there's some place you'd like to stop by, please don't hesitate to ask.
参观工厂后,您一定会对我们的产品有更多的了解。
After visiting the factory, you will know more about our products.
这是我们的销售目录和说明书。
Here is our sales catalogue and brochure.
这部分我不太熟悉,让我找个负责这方面的人来向您说明。
I'm not familiar with this part. Let me find someone in charge of this aspect to explain it to you.
恐怕我不知道,我询问一下该组的负责人。
I am afraid I don't know. Let me ask the supervisor in this section.
我们可以向您保证,我们的产品质量上乘、价格合理。

We can assure you that our products are of high quality and reasonable prices.
如果你决定用我们的产品，保证不会让您失望。
If you decide to use our products, I'm sure you won't be disappointed.
此次参观就到此结束了，希望我们能有机会合作。
This is the end of this visit, I hope we can have the opportunity to cooperate.
如果您想带其他人来参观，请随时通知我。
If you want to bring other people to visit, please feel free to let me know.
您离开工厂时，我们有件小礼物要送给您。
We have a small present for you to take with you when you leave the factory.

在参观工厂向客户介绍产品的过程中，外贸人员注意需要客观地进行描述，不要为了让客户下单就虚假宣传，这样很容易失去客户的信任。

2.3.6 与客户商谈价格

商谈价格是交易至关重要的一个环节，在很大程度上决定了交易是否能够成交。一般来说，产品的价值决定了产品的价格。外贸人员在与客户商谈价格时，想要取得一个满意的价格，就要掌握谈判的技巧。图2-21所示为商谈价格的技巧。

```
                 ┌─ 大多数客户都不会接受第一次报价，不要轻易降价
                 │
                 ├─ 反复强调产品拥有优良的品质，介绍核心竞争力
商谈价格的技巧 ──┤
                 ├─ 降价的次数最好低于3次，且每次降价的幅度越来越小
                 │
                 └─ 说明合情合理的降价理由，提出降价的交换条件
```

图2-21 商谈价格的技巧

外贸人员想让自己的价格更有说服力，就要向客户说明产品的价值到底体现在何处，例如：产品使用了优质的原材料、产品全检成本增加或使用了先进的生产技术等。通过展示生产成本、证明产品价值、与同类产品对比、展示自身利益等方法，以增强价格的可信度。外贸人员需要注意把握好尺度，提出2~3个理由即可。

降价的理由一定要符合逻辑、合情合理，不能随意糊弄客户，在价格谈判时，要让客户感受到是通过自己的努力谈到了合理的价格。下面就为大家介绍一些与客户商谈价格常用的口语表达。

我们的产品质量上乘，这是很合理的价格。

Our products are of high quality, which is a very reasonable price.

我们的产品质量值这个价钱。

The quality of our products is worth the price.

一般来说，价格根据数量来定。

Generally speaking, the price depends on the quantity.

如果我们不知道订单量，我们就无法为您提供报价。

If we don't know the order quantity, we can't offer you a quotation.

我们的报价以合理利润为依据，不是漫天要价。

Our offer was based on reasonable profit, not on wild speculations.

如果您能增加订单量，我们可以适当让利。

If you can increase the order quantity, we can transfer the profit appropriately.

您会发现没有比我们更便宜的了。

You'll find nothing cheaper than ours.

我们通常是不议价的，但为了我们的长期合作，我们可以打9折。

We usually do not bargain, but for our long-term cooperation, we can offer a 10% discount.

如果您订购5000件，我们可以打9折。

If you order 5000 pieces, we can make a 10% discount.

我们已经给您报最低价了。

We have quoted you the lowest price.

如果您现在下单，我们可以给您5%的折扣。

If you place an order now, we can give you a 5% discount.

我们觉得很难降价10%，因为原材料的成本和运费都在上涨。

We find it difficult to reduce the price by 10% because the cost and freight of raw materials are rising.

我们给出的已经是最低价，我们无法再降价了。

We have already given you the best price. We can not reduce the price any more.

虽然我们感谢贵方的合作，但是很抱歉，我们无法再降价了。

While we appreciate your cooperation, we regret to say that we can't reduce our price any further.

为了我们的业务关系有个良好的开端，我们可以给5%的折扣。

In order to have a good start to our business relationship, we can give a 5% discount.

外贸人员想要与客户进行长期交易，就要遵循平等公平、互惠互利的原则。从长期的合作关系考虑，既不要一退再退，让客户牵着鼻子走；也不要咄咄逼人，让客户无利可图。还要注意在与同类产品进行比较时，不要肆意贬低竞争对手，这是一种很低级的行为。

2.3.7 与客户商谈条款

价格商谈好了之后，双方需要就交易的各项条款进行商谈，达成一致后即可签订合同。外贸人员与客户商谈条款的主要内容有贸易术语条款、产品包装条款、产品装运条款、产品交货事项等，如图 2-22 所示。由于第 1 章已详细介绍过贸易术语条款，这里不再赘述。

图 2-22　商谈条款的主要内容

与客户商谈条款、协商问题、签订合同都是正式的商业谈判场合，双方会就某一项条款反复谈判，外贸人员必须在确保自己利益的前提下，也让客户满意。为了让商谈条款的过程变得更加顺利，外贸人员需要注意以下事项，如图 2-23 所示。

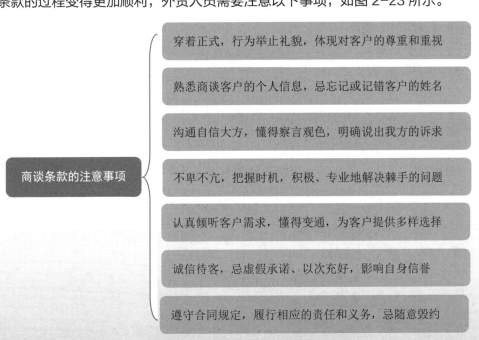

图 2-23　商谈条款的注意事项

了解了商谈条款的注意事项后，为了在商谈条款时更好地进行沟通，下面介绍一些常用的口语表达。

贵方对产品包装有什么具体要求吗？
Do you have any specific requirements for product packaging?
请告知我方唛头的具体样式。
Please let us know the specific style of the shipping mark.
这是易碎产品，所以使用耐用包装来装箱。
This is a fragile product, so use durable packaging to box.
一般来说，包装费用应由买方负担。
Generally speaking, the packaging cost should be borne by the buyer.
对于危险或有毒的产品，在每件包装上应有醒目的标记及性质说明。
For dangerous or toxic products, there should be eye-catching marks and nature descriptions on each package.
顺便问一下，你们接受中性包装吗？
By the way, do you accept neutral packing?
我们同意用纸箱做外包装。
We agree to use cartons for outer packing.
使用木箱包装成本会高一点。
The cost of packing in wooden cases will be higher.
我们通常把每件产品装入一个盒子里，半打装一箱，十打装一个木箱。
We usually put each product in a box, half a dozen in a box, and ten dozen in a wooden box.
木箱不仅适于海运，而且十分坚固，足以保护货物不受任何损失。
Wooden cases are not only seaworthy, but also strong enough to protect the goods from any damage.
为了便于准备货物，我们希望允许分批装运。
In order to facilitate the preparation of the goods, we'd like to allow partial shipment.
每个箱角都用金属角加固。
Each corner of the box is reinforced with metal corners.
箱子里垫有泡沫塑料以免货物受损。
The box is lined with foam plastics to protect the goods from damage.
我们同意关于包装和运输唛头的条款。
We agree to the terms of packing and shipping marks.
关于交货日期，贵方的期限是什么？

Regarding the delivery date, what is your deadline?
我希望您能特别考虑一下我们的要求。
I hope you will give special consideration to our request.
一般来说，在收到信用证以后3个月内可以交货。
Generally speaking, delivery can be made within 3 months after receipt of the letter of credit.
我们无法答应提前发货，因为没有船直达你们的港口。
We cannot promise to ship in advance because there is no ship directly to your port.
很抱歉，我们不能保证早于7月份发货。
Sorry, we cannot guarantee delivery before July.
我们会尽量提早交货。
We will try our best to deliver as early as possible.
我们无法保证提前交货。
We cannot guarantee early delivery.
请您放心，我们一定尽力保证迅速交货。
Please rest assured that we will do our best to ensure prompt delivery.
我们是现货，能在任何时间交货。
We are in stock and can deliver at any time.

第 3 章

熟悉业务：看懂外贸业务的全流程

学前提示　一笔外贸业务究竟是如何完成的？关于外贸业务的具体流程，可能许多外贸新手还并不是十分了解。处理外贸业务有着一套完整且严格的流程，外贸人员需要非常熟悉并牢牢遵守既定流程操作，这样才能高效地完成交易。

本章就从外贸业务的总流程和外贸前期的基本流程两个方面出发，帮助大家快速熟悉外贸业务的工作内容。

要点展示

- ▶ 了解外贸业务的总流程
- ▶ 厘清外贸前期基本流程

3.1 了解外贸业务的总流程

外贸人员想要工作顺利进行，首先需要了解外贸业务的总体流程，熟悉工作内容、明确工作职责和厘清工作思路。了解外贸业务的总流程，有利于外贸人员将复杂的工作简单化，简单的工作准确化，本节就从两个方面帮助大家增进了解。

3.1.1 外贸业务总体流程

我们可以把外贸业务的总体流程看作一份订单，订单从询盘到结算的一系列过程，就是一项外贸业务的具体流程。图 3-1 所示为外贸业务的总体流程。

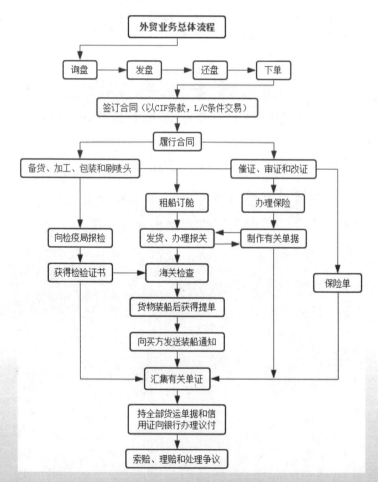

图 3-1 外贸业务总体流程

> **专家提醒**
> 在实际的业务往来中,外贸业务的流程会根据不同的交易条件发生变化,外贸人员需要灵活变通。

外贸业务的各个流程环环相扣。具体来说,外贸业务的流程又可以分为 4 个环节,分别为交易准备环节、交易磋商环节、履行合同环节和交易结算环节,如图 3-2 所示为外贸业务流程的主要环节。

外贸业务流程的主要环节:

- **交易准备环节**
  - 办理相关手续,如出口许可证、海关手续等
  - 国际市场调研,如市场调研、客户调研等
  - 建立业务关系,如参加展会、网络搜寻客户等

- **交易磋商环节**
  - 协定交易条件,如产品数量、交易方式等
  - 签订交易合同,明确买卖双方相应的责任和义务

- **履行合同环节**
  - 备货,保证按时、按质和按量交付规定的货物
  - 落实信用证,包括催证、审证和改证环节
  - 出口报检,在检验证书规定的期限内出口货物
  - 租船订舱、为货物投保、报关和装运货物
  - 制单结汇,整理审核交易的所有单据以作结算

- **交易结算环节**
  - 出口收汇核销,流程可归纳为登记、领单、报关、送交存根和收汇核销
  - 出口退税,凭借出口核销凭证申办出口产品退税

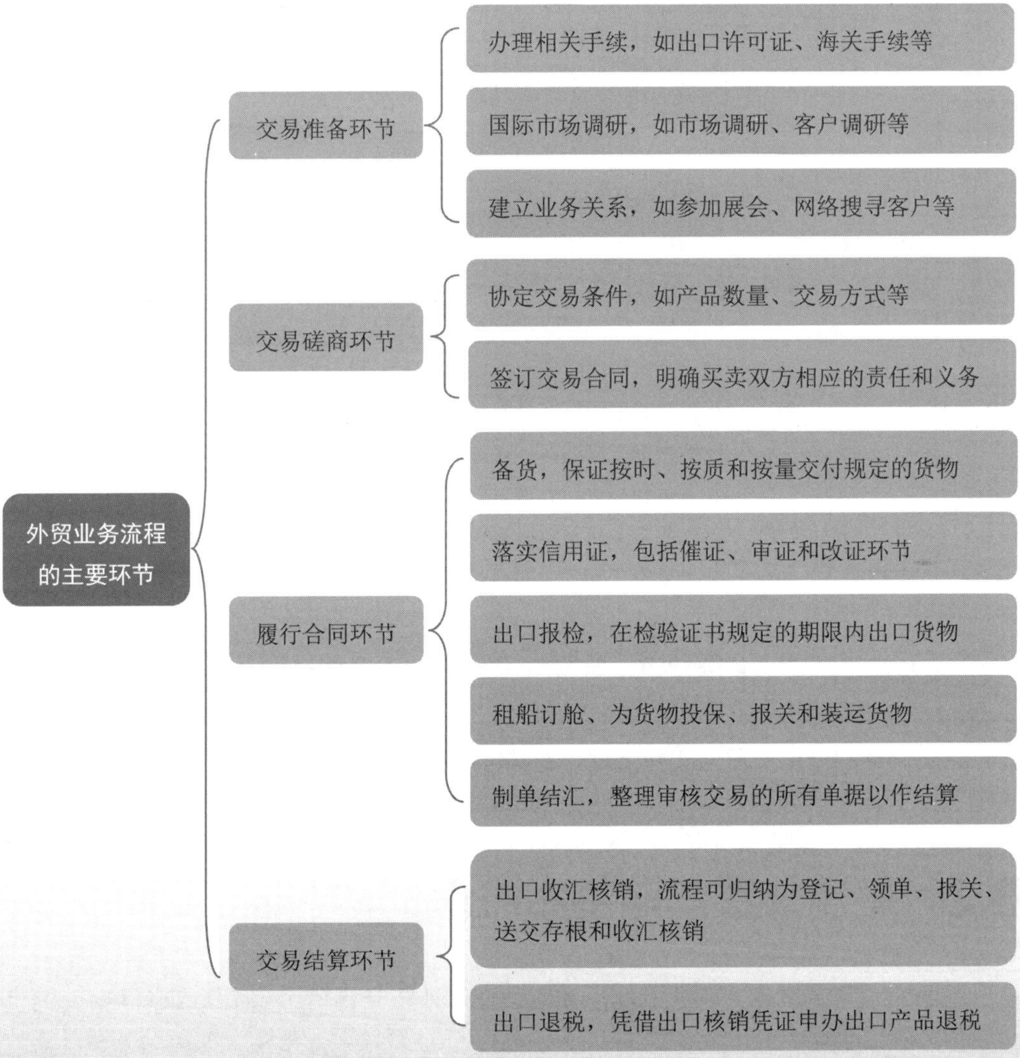

图 3-2 外贸业务流程的主要环节

3.1.2 外贸员的工作流程

外贸新手刚入行,可能对外贸员的日常工作并不熟悉,外贸新手想要做好本职工作,就需要熟悉工作流程,做好日程安排。由于每个人的工作方式并不相同,下面为大家介绍的外贸员日常工作流程仅供参考,如表3-1所示。

表3-1 外贸人员的日常工作流程

序号	工作项目	工作内容	工作时间
1	发布产品信息	在各个商业网站和平台上发布产品信息、开发客户,每天坚持更新,公司的产品信息更容易被客户看到	大约1小时
2	推荐最新产品	给老客户或潜在客户推荐公司的最新产品,或推送客户可能感兴趣的产品	大约1.5小时
3	维护客户关系	查询客户的幸运日、所在地的重要节日或生日等信息,及时给客户发送祝福信息。让客户感受到亲切的关怀,容易增强用户的合作意向	大约0.5小时
4	收发处理邮件	每天至少需要收发4次邮件,上午和下午各两次。尽量及时地回复客户邮件,及时解决客户的问题	大约2小时
5	跟进合同进度	仔细查询合同的执行进度,若发现问题,及时与相关人员联系进行处理	大约1小时
6	整理客户信息	可以使用Excel整理客户信息,根据客户要求做好分类工作。为了方便追踪订单,需要准确地整理客户的询盘内容	大约1小时
7	其他	优化网站产品信息、查询人民币汇率和总结当日业务情况等	大约1小时

以上介绍的外贸员日常工作流程,是按照8小时工作制安排的,大家可以根据个人情况择优参考学习。

3.2 厘清外贸前期基本流程

前面介绍了外贸业务的总流程,相信大家对外贸交易有了一个大致的了解,为了让各位外贸新手更高效地完成交易,本节从5个方面入手,帮助大家厘清外贸前期的基本流程。

3.2.1 客户开发与磋商

客户开发与磋商，通常是整个贸易活动的第一个环节，外贸公司想要稳定发展，就需要有源源不断的客户进行交易。因此，开发客户并与之磋商是非常关键且重要的一个环节，下面就为大家具体介绍一下。

1. 开发客户

外贸新手想要开展外贸业务，首先要了解开发客户的主要方法，下面为大家简单介绍开发客户的主要渠道，具体开发客户的方式请参考第 8 章。图 3-3 所示为开发客户的主要渠道。

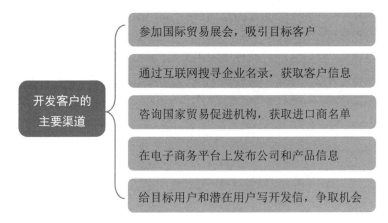

图 3-3 开发客户的主要渠道

外贸人员在开发客户之前，要确定沟通目标，是想要初步获得客户好感，与客户达成合作关系，还是邀请客户参观工厂等。漫无目的的沟通不仅浪费时间，而且还浪费精力。

> **专家提醒**
>
> 当客户提出与产品相关的问题时，外贸人员要及时准确地回答，不要避重就轻。只有切实解决客户关心的问题，才有可能进一步合作。在与客户沟通的过程中，外贸人员需要详细记录要点并落实，尽一切可能提高客户的满意度。

2. 订单磋商

在正式签订合同之前，买卖双方都要就某些条款进行磋商，磋商的内容一般为贸易条款、合同金额、货物名称、数量、包装、运输、保险、支付，以及一旦发生意外，怎样索赔、仲裁事项等。

> **专家提醒**
> 双方都认可合同的各项条款后，就意味着磋商成功。双方享受合同提供权利的同时，也应履行相应的义务，任何一方违约都需要承担相应的法律责任。

磋商主要有询盘、发盘和还盘 3 个步骤，三者循序渐进、缺一不可。图 3-4 所示为磋商 3 个步骤的基本内容。

磋商 3 个步骤的基本内容
- 询盘
  - 含义：也可称为询价，是买方或卖方为了购买或出售某款产品，向供货人咨询交易信息的行为，多由买方向卖方询盘
  - 内容：询问产品的价格、品质、包装和装运等信息以及索要样品，大多情况下，询盘只是询问价格
  - 形式：一般为口头询盘、书面询盘和电子邮件询盘等
- 发盘
  - 含义：也可称为报盘、报价和递盘，通常是应买方询盘的要求作出回应；即使没有询盘，也可直接向买方发盘
  - 内容：完整的发盘需要包含明确的交易条件，如产品名称、规格、数量、价格、支付方式和装运期等
  - 类型：具有实盘和虚盘两种类型
- 还盘
  - 含义：也可称为还价，是指受盘人对发盘条件所提出修改、限制或增加新条件的行为

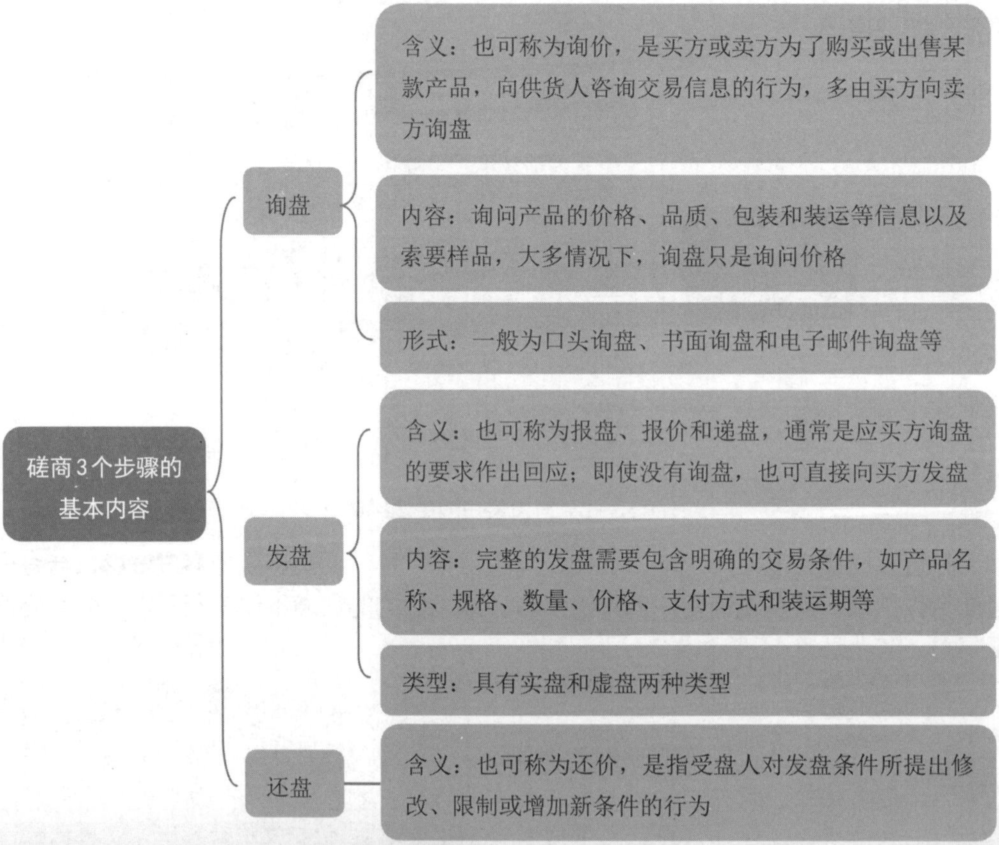

图 3-4　磋商 3 个步骤的基本内容

大致了解了询盘、发盘和还盘的基本内容后，下面就进一步为大家介绍它们的内容形式和注意事项。

1) 询盘

并不是每笔交易都必须经历询盘这一过程，当买卖双方对彼此都很了解的时候，

可以直接向对方发盘。询盘的表达方式有很多种,下面列举一些以供大家参考。

请给我方报 400 台冰箱的最低价。
Please quote us your lowest price for 400 refrigerators.
请告知我们该产品的价格和质量。
Please let us know the price and quality of the product.
若您能告知我们该产品的现行价格,将不胜感谢。
We would appreciate it if you could let us know the current price of this product.

专家提醒

需要注意的是,询盘并不具有法律效力,只是寻求买或卖的可能性,即使买方询盘不下单也无须承担任何责任,但从信誉、诚意的角度出发,要尽量避免无意愿购买而询盘的做法。

2) 发盘

发盘包括实盘和虚盘两种类型,实盘对发盘人具有约束力,实盘成立必须同时具备 3 个条件,如图 3-5 所示。

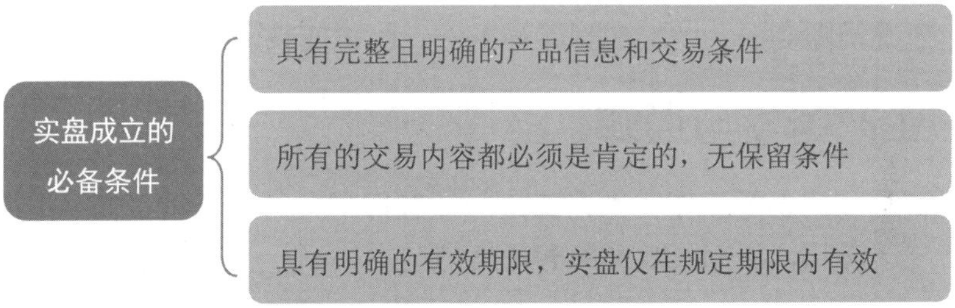

```
实盘成立的    ┌── 具有完整且明确的产品信息和交易条件
必备条件      ├── 所有的交易内容都必须是肯定的,无保留条件
              └── 具有明确的有效期限,实盘仅在规定期限内有效
```

图 3-5 实盘成立的必备条件

虚盘与实盘相反,对发盘人并不具有约束力,即不需要作出承诺性表示。虚盘的内容具有不确定性,当不满足实盘成立的任一条件时,即可判断为虚盘,虚盘常见的表达方式。

不负任何责任。
Without engagement.
有权先售。
Subject to prior sale.
以我方最后确认为准。
Subject to our final confirmation.
所做报价,除特别说明外,须经我方确认后方能生效。
All quotations are subject to our final conformation unless otherwise stated.

由于行业和背景的差异，发盘在内容和要求上也有差异，但从总体情况来说，发盘的基本结构所包含的内容，如表3-2所示。

表3-2 发盘的基本结构

主题	常用表达
感谢来函	感谢您对 XXX 的询价。 Thank you for your inquiry for XXX.
阐明条件	对于这款耳机，最好的价格是上海离岸价 67.00 美元。 For this headset, the best price is US $67.00 FOB Shanghai.
声明期限	我们愿意报盘，以你方在明天前答复为准。 We are willing to make you an offer subject to your reply by tomorrow.
鼓励订货	我们非常期待你们能向我们试订。 We are looking forward to your trial order.

3）还盘

还盘是对原发盘一些要求的拒绝，要求对内容进行更改，一旦作出还盘行为，即意味着原发盘失效。从某种程度上来说，还盘就相当于新发盘。还盘可以反复进行，内容通常包括说明需变更、增加或删除的条件，已达成共识的条件不用重复表达。

3.2.2 生产备货与通知

备货是交货前的必要工作，也是卖方必须履行的义务，备货工作完成后，还要及时地向买方发送通知，告知买方产品的备货情况。

1. 生产备货

由于货物在生产和运输途中需要花费大量时间，所以卖方需要按照合同规定提前做好准备工作。通常来说，生产货物一般有两种方式：一种是卖方为生产厂家，可将订单所需的产品直接投入生产；另一种则是卖方需要向第三方预定或购买产品，如图3-6所示。

卖方需要时刻跟进产品的生产状况，当备货工作完成后，卖方还需要检查货物是否按照合同和信用证的要求进行包装和入库。

如果卖方采用第三方预定或购买产品的方式，为了节约时间、资源和成本，可以委托第三方代为包装和入库。除此之外，还需要根据合同要求对货物进行检查，如图3-7所示，为检查货物的主要内容。

```
                    ┌─ 卖方为生产厂家。对于具有生产能力的卖方来说,备货的流程比较简单,
                    │  只需按照合同规定将产品的生产任务下达至生产部门即可
生产货物的  ────────┤
  两种方式          │  卖方需要向第三方预定或购买产品。对于不具备生产能力的卖方来说,备
                    └─ 货的流程相对来说比较复杂,需要提前联系具有生产能力的工厂定制或购
                       买产品,并时刻跟进了解产品生产状况,确定产品符合合同规定
```

图 3-6　生产货物的两种方式

```
                    ┌─ 货物唛头和包装是否与合同一致
                    │
检查货物的  ────────┤  货物质量和规格是否符合合同要求
  主要内容          │
                    └─ 货物备货、发货时间是否准时
```

图 3-7　检查货物的主要内容

2. 备货通知

卖方在进行备货工作时,应该及时向买方发送通知,告知买方货物的基本信息、发货时间、到达时间和其他注意事项等,以便买方做好各项准备工作。图 3-8 所示为备货通知单。

备货通知单							
Exporter（出口国）:			DATE（日期）:				
S/C NO.（合同号码）:			FROM（装运港）:				
L/C NO.（信用证号码）:			TO（目的港）:				
Commodity （产品名称）	Marks （唛头）	Packing （包装）	Quantity （数量）	G.W. (KGS) （毛重）	N.W. (KGS) （净重）	Meas(M³) （体积）	
Total （总计）							
Note （备注）							

图 3-8　备货通知单

3.2.3 货物跟单与商检

当货物准备妥当后，外贸人员就需要对货物进行跟单与商检，为货物出口做好准备，下面就为大家介绍为货物跟单和商检的具体内容。

1. 货物跟单

外贸公司一般配备有专门的跟单员进行货物跟单工作，主要是以客户订单为依据，追踪货物是否按照合同规定进行操作。货物跟单工作既是复杂的，也是全方位的，不仅要对产品的信息了如指掌，还需要对合同的条款一清二楚。

当货物已经全部备足后，跟单员要做的主要是跟进货物运输情况。跟单员需要掌握外销、物流管理、生产管理、单证和报关等知识，才能更好地落实工作。跟单员的工作涉及交易的多个环节，所以有利于积累工作经验和管理技能。

2. 货物商检

货物只有通过检疫局检验，才具有出进口销售的资格，商检的目的是为了检查货物的质量、重量和包装等是否达标。需要商检的货物可以分为 3 类，如图 3-9 所示。

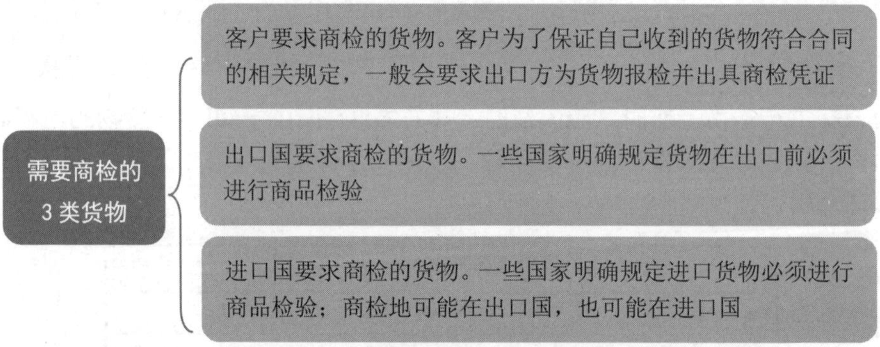

需要商检的
3 类货物
客户要求商检的货物。客户为了保证自己收到的货物符合合同的相关规定，一般会要求出口方为货物报检并出具商检凭证
出口国要求商检的货物。一些国家明确规定货物在出口前必须进行商品检验
进口国要求商检的货物。一些国家明确规定进口货物必须进行商品检验；商检地可能在出口国，也可能在进口国

图 3-9　需要商检的 3 类货物

一般来说，我国的货物进出口检验主要有 4 个步骤，如图 3-10 所示。

• 出口商依法向商检机构报请检验货物
接受检验
抽样检验
• 商检机构工作人员赴货物存放地进行现场抽检
• 商检机构根据合同的规定，对货物的申报的项目进行检查
检验货物
签发证书
• 货物经过商检机构检验合格后会签发审核证书

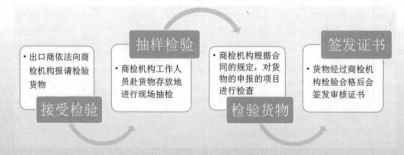

图 3-10　我国货物进出口检验的步骤

在报检之前,外贸人员需要将商检所需的各种单证、资料准备好,由于商品的属性不同,商检所需的单证和资料也有差异。图 3-11 所示为报检需要的基本单证和资料。

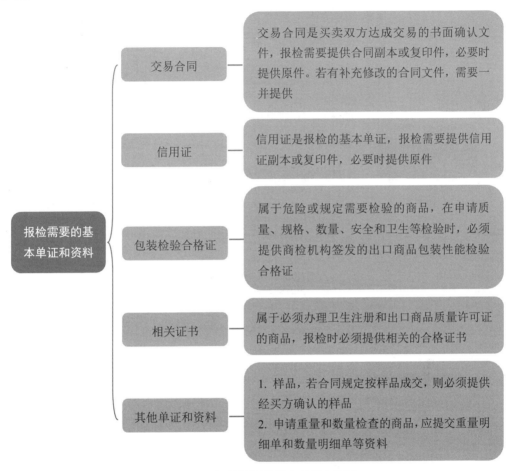

图 3-11 报检需要的基本单证和资料

3.2.4 货物报关与查验

报关是指出口货物在装船出运之前,需要向海关申报相关手续。根据我国《海关法》的规定,所有进出国境的货物,必须经由设有海关的港口和国际航空站,并由货物所有人向海关申报,经海关查验放行后才能进口或装船出口。

1. 报关准备

外贸公司一般配备专门的报关员进行货物报关工作,报关员在报关前需要将与出口货物相关的单证资料准备齐全，如图 3-12 所示。

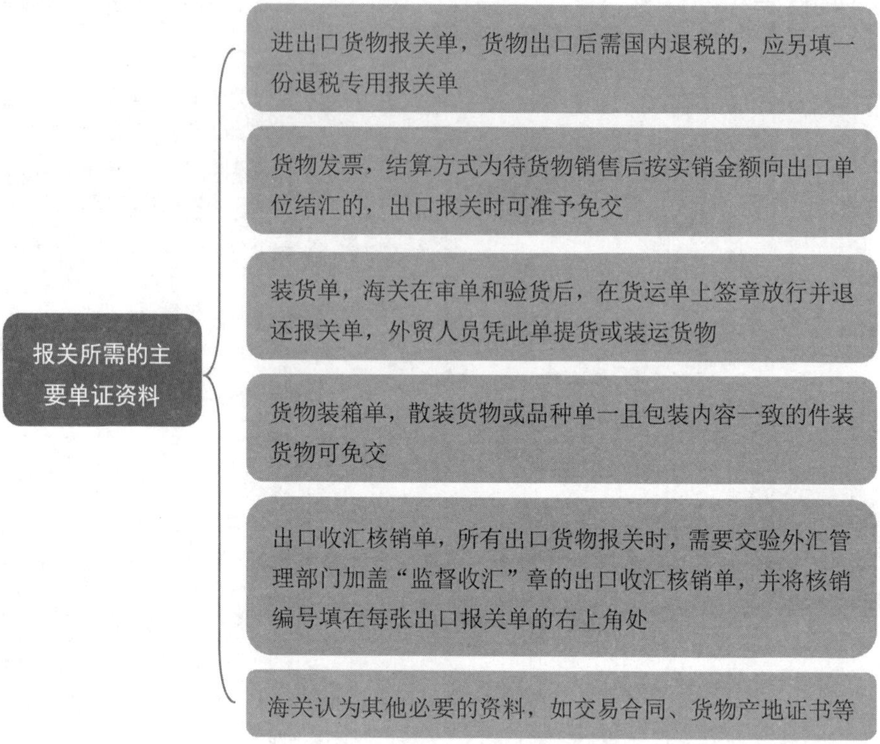

报关所需的主要单证资料
进出口货物报关单，货物出口后需国内退税的，应另填一份退税专用报关单
货物发票，结算方式为待货物销售后按实销金额向出口单位结汇的，出口报关时可准予免交
装货单，海关在审单和验货后，在货运单上签章放行并退还报关单，外贸人员凭此单提货或装运货物
货物装箱单，散装货物或品种单一且包装内容一致的件装货物可免交
出口收汇核销单，所有出口货物报关时，需要交验外汇管理部门加盖“监督收汇”章的出口收汇核销单，并将核销编号填在每张出口报关单的右上角处
海关认为其他必要的资料，如交易合同、货物产地证书等

图 3-12　报关所需的主要单证资料

2. 货物报关的范围

根据相关法律规定，所有的进出境运输工具、货物和物品都需要办理报关手续，没有经过海关批准的货物就不能合法地通过边境。货物报关的范围可分为 3 类，如图 3-13 所示。

1)　进出境运输工具

进出境运输工具是指运载人员、物品和货物进出境，并在国际上运营的各种境内或境外船舶、车辆、航空器和驮畜等。

货物报关的范围
进出境运输工具
进出境货物
进出境物品

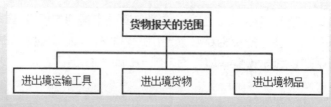

图 3-13　货物报关的范围

2) 进出境货物

进出境货物通常是指一般进出口货物，包括保税货物、暂准进出境货物、特定减免税货物，以及转运和通用其他进出境货物。

3) 进出境物品

进出境物品是指出境人员随身携带或托运的行李物品，以邮寄的方式进出境的物品，以及享有外交特权和豁免权的外国机构或人员的其他物品。

3. 报关流程

以出口报关为例，出口报关公司应在当地海关、检验检疫局注册备案，并具有进出口经营权和报检的资格。

外贸人员必须在报关前 3 天备齐单证，向检验检疫局申报；货物抵达海关监管区之后，在装货前 24 小时备齐报关所需单证向海关申报。图 3-14 所示为货物报关的基本流程。

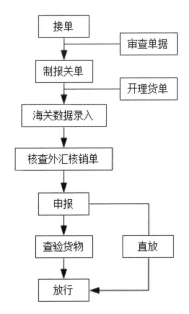

图 3-14　货物报关的基本流程

4. 货物查验

货物在运输之前必须经过海关查验。查验是指海关对运输货物进行实际的检查，以核实该交易的实际货物是否与报关单的申报内容一致。海关查验货物的地点一般设在监管区的进出口口岸码头、车站和机场等地区。图 3-15 所示为海关有关人员在码头查验货物。

图 3-15　海关有关人员在码头查验货物

3.2.5　运输收款与核销

按照合同规定交货，是卖方的基本责任。为了更好地履行合同义务，下面为大家介绍货物运输、结汇收款和办理核销手续的具体内容。

1. 货物运输

货物运输是外贸交易中的重要环节，而货物运输的方式有很多种。例如：管道运输、海洋运输、航空运输、公路运输和铁路运输等。由于国际运输距离远、时间久，所以外贸人员要选择合适的运输方式。下面就为大家具体介绍常用的国际运输方式。

1）管道运输

管道运输是使用管道作为运输工具，运输的货物具有单一性，只适合运输石油、天然气和化学品等液体或气体货物。管道运输具有运输量大、运输费用低、运输速度快和安全性高等特点，但其也具有固定投资高、灵活性差和运输对象单一等缺点。图 3-16 所示为管道运输。

图 3-16　管道运输

2) 海洋运输

海洋运输是国际货物运输使用最广泛的一种运输方式，是指使用船舶通过海上航道在不同国家和地区的港口之间运送货物的一种方式，如图 3-17 所示。

图 3-17 海洋运输

海洋运输占运输总量的 80%以上，具体类型又可分为班轮运输和租船运输。图 3-18 所示为海洋运输的优势和劣势。

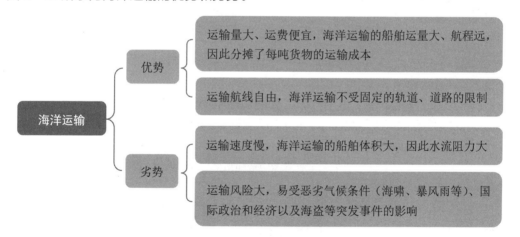

图 3-18 海洋运输的优势和劣势

3) 航空运输

航空运输具有运输速度快、货物破损率低和安全性高的特点，但同时也具有运输成本高、运输量小和易受气象因素影响等缺点。图 3-19 所示为航空运输。

由于航空运输的操作流程和管理制度比较严格，因此货物的安全性具有一定的保障。图 3-20 所示为适合航空运输的货物类型。

图 3-19 航空运输

```
                  ┌─ 新鲜易腐货物、季节性货物，需要在一定时间内运输至目标市场的
适合航空运输 ─────┤   货物
的货物类型        │
                  └─ 精密仪器、贵重物品，航空运输的安全性较高，能保障货物安全
```

图 3-20 适合航空运输的货物类型

4) 公路运输

公路运输的常用运输工具为汽车，公路运输常见于地势崎岖、人口稀疏和其他运输方式不发达的边远落后地区。图 3-21 所示为公路运输的优势和劣势。

```
            ┌─ 优势 ┬─ 运输灵活，运输车辆可随时调度和装运，衔接时间短
            │       │
            │       └─ 运输速度快，公路运输一般无须换装货物且路途较短，
公路运输 ───┤          公路运输网分布较广泛，可实现直达运输
            │
            │       ┌─ 运输量小，公路运输的汽车较船舶和火车的容量较小，
            └─ 劣势 ┤  公路运输距离短且持续性较差
                    │
                    └─ 安全性低，公路运输易遭受交通事故、抢劫等风险性较
                       大事件的影响
```

图 3-21 公路运输的优势和劣势

公路运输适合货物短途运输,货物在港口、机场和车站等集散地段时,多使用公路运输工具将货物运进或运出。图 3-22 所示为公路运输。

图 3-22 公路运输

5) 铁路运输

铁路运输具有运输量大、运输速度快以及运输成本低的优势,一般不受气候因素的影响,长途运输的大宗、笨重货物适合铁路运输。但铁路运输需要按照轨道路线运输,没有建设铁路的地区则无法运输货物。图 3-23 所示为铁路运输。

图 3-23 铁路运输

2. 结汇收款

结汇是外贸公司按照汇率将买进的外汇和卖出的外汇进行结算,货物按照合同的规定时间发出后,卖方就可以要求买方结汇。在实际的外贸交易中,买卖双方进行结算的方式有很多种,比较常见的结算方式有汇付和托收两种,如图 3-24 所示。

图 3-24 常见的结算方式

外汇局会根据外贸企业的结汇表现等因素，确定一些企业为结汇信得过企业，而这些企业一般要符合以下条件，如图 3-25 所示。

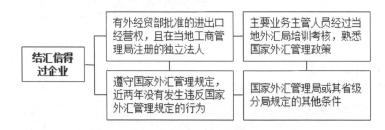

图 3-25 结汇信得过企业条件

3．办理核销

核销是指加工贸易单位在合同执行完毕后向海关递交《加工贸易登记手册》、进出口专用报关单等有效单证，由海关核查该合同项下进出口、耗料等情况，以确定征税、免税、退税和补税的海关后续管理中的一项业务。

初次申领出口收汇核销单的外贸企业，应携带完整的资料前往外汇局办理核销登记手续。办理核销手续的相关资料，具体如下所述。

(1) 出口单位的介绍信或申请书。
(2) 对外贸易经济委员会批准经营进出口业务批件正本及复印件。
(3) 工商营业执照副本及复印件。
(4) 企业法人代码证书及复印件。
(5) 海关注册登记证明书复印件。
(6) 出口合同复印件。

专家提醒

需要注意的是，核销单自领单之日起 60 天以内报关有效，且填写的核销单应与出口货物报关单上记载的有关内容一致。出口单位应当在失效之日起 30 天内将未用的核销单退回外汇局注销。

第 4 章

运输出货：出货应注意的事项

学前提示　运输出货是外贸交易的关键环节，这一环节看似简单，但外贸人员在实际操作中仍需要掌握很多专业知识，并要严格、仔细地操作和检查。

本章将为大家介绍外贸的出口运输知识、收汇核心环节、制单结汇流程、如何办理核销手续，以及如何享受税收优惠政策等，帮助大家进一步了解出货的相关注意事项。

要点展示
- ▶ 外贸出口运输的相关知识
- ▶ 外贸出口收汇的核心环节
- ▶ 外贸出口制单结汇的流程
- ▶ 向外汇管理局申报核销
- ▶ 这些税收优惠政策请收好

4.1 外贸出口运输的相关知识

运输是外贸交易中用时较久、风险较大的重要环节,在 CFR 和 CIF 条款下,卖方都需要按照合同规定办理租船、订舱手续,将货物运输至指定目的地。本节就为大家介绍一些出口运输的相关知识,帮助大家更好地完成这一关键环节的工作。

4.1.1 必须按约定如期交货

按约定如期交货是合同明确规定的条款之一,也是卖方必须承担的义务与责任。卖方若没有按照合同规定的时间将货物运输至指定目的地,则属于违约行为,买方有权追责。图 4-1 所示为按约定如期交货的好处。

```
                    ┌─ 体现卖方守信用的优良品质,严格遵守合同规定
                    │
                    ├─ 有利于建立和保持良好的交易关系,稳定客户
                    │
按约定如期交货的好处 ─┼─ 提升卖方的信用度和影响力,提高公司知名度
                    │
                    ├─ 展现卖方高效的生产水平和优秀的管理水平
                    │
                    └─ 减少双方因为催货而产生的费用,降低交易成本
```

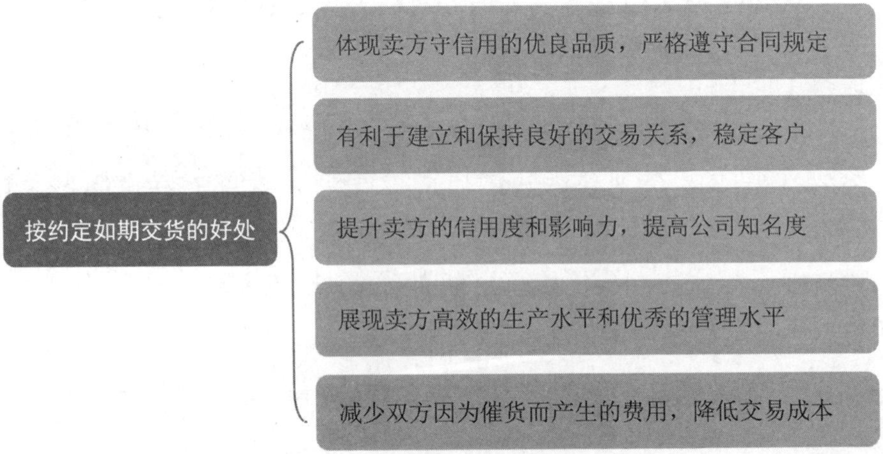

图 4-1 按约定如期交货的好处

4.1.2 保证按时交货的条件

为了保证货物能根据合同要求,按时按质地交到买方手中,外贸人员需要事先安排好货物运输的各项流程。外贸人员想要合理地安排货物运输,需要满足以下 4 个重要条件。

1. 确定海运方式

海洋运输是国际贸易中最常见的运输方式,虽然海运的速度较慢且运输风险较大,但同时也具备了运费低、运输量大和对货物适应性强等特点。海运可以分为班轮运输和租船运输两种,如图 4-2 所示。

```
                    ┌─ 船舶按照固定的船期，在规定的航线上将货物
                    │  运输至固定港口，或按照港口的规则营运
                    │
            ┌ 班轮运输─ 班轮运输的船舶设备较全、质量较高，在停靠
            │       │  港口拥有专属码头、仓库和装卸设备
            │       │
            │       └─ 货物从装载、运输到卸载都能受到保护，批量
海洋运输─┤          小、批次多的杂货和小额货物很适合班轮运输
的类型    │
            │       ┌─ 租船运输没有固定的船期表、航线、港口和船
            │       │  舶，外贸人员无法准确掌握运输的主导性
            │       │
            └ 租船运输─ 外贸人员只能与租船公司签订租船合约，取得
                    │  一定期限的船舶使用权。租船运输的价格波动
                    │  较大，容易受到市场供求的影响，船舶多、货
                    │  物少的时候，价格较低
                    │
                    └─ 数量庞大的大宗货物适合租船运输，如木材、
                       砂矿、饲料、石油和煤炭等货物
```

图 4-2 海洋运输的类型

2. 及时安排船运

确定好运输方式后，外贸人员需要明确安排好发货日期、运输时间、到货日期和收货时间。具体来说，外贸人员可以制定一个每月出口船期表，整理好船舶的名称、起航时间、运输路线、沿途停靠港和目的港的具体信息，这样不仅可以方便外贸人员及时安排船运，还有利于随时追踪运输信息。

3. 及时办理订舱手续

外贸人员需要根据船期表及货物出口要求填写托运单。托运单是订舱、起运和出港的依据，如果外贸人员选择租船托运，托运单则是订舱依据。

托运单的主要内容有托运人信息、船舶名称、目的港、货物名称、标记和号码、货物数量以及货物重量等。海运公司收到托运单后，将根据交易合同和信用证的内容，结合货物运输的相关信息综合考虑，认为条件可以接受后，则会在托运单上签章完成订舱手续。

4. 按时装货上船

办理完订舱手续后,海运公司会将托运单作为装货单交付给外贸人员,装货单是托运人办理海关出口货物申报手续的凭证,也是将货物交付给客户的单证。在 CIF 贸易条款的交易中,外贸人员应在装运前向保险公司为货物投保,并在货物装船后及时向买方发送装船通知。

4.1.3 外贸出货安排与跟踪

货物完成装运后,外贸人员需要做好出货安排与跟踪,并及时向买方发送装运通知,以便买方为货物投保或准备其他手续。装运通知的主要内容包括货物名称、货物数量、船舶名称、装船日期和信用证号码等,如图 4-3 所示。

Shipping Advice（装运通知）					
To（目的地）:		Invoice NO.（发票号码）:			
		Date（日期）:			
From（发货地）:		S/C NO.（合同号码）:			
		L/C NO.（信用证号码）:			
Commodity（商品名称）	Marks（唛头）	Quantity（数量）	Port of Loading（装运港）	Port of Destination（目的港）	Ocean Vessel（船名）
We hereby certify that the above content is true and correct.（兹证明以上内容真实无误。）					

图 4-3 装运通知

向买方发送装运通知后,外贸人员还需要做好货物的其他安排事项和跟踪货物运输情况,主要包括统计出货情况、获取运输文件和反馈运输信息等工作。

1. 统计出货情况

外贸业务员需要将每份订单的出货情况整理记录好,这样不仅能够清晰地统计出货情况,还便于及时落实未完成的订单。外贸人员将出货情况统计完毕后,需要将出货统计表交至上级领导查阅,如图 4-4 所示。

出货统计表							
序号	订单号	客户名称	产品名称	数量	装运日期	到货日期	备注
日期：		制表人：		审核人：		签名：	

图 4-4　出货统计表

2. 获取运输文件

货物自装运开始时，外贸人员就需要及时与船舶公司保持联系，为了更好地完成结算工作，外贸业务员最好在船舶起运的两天内，催促船舶公司开具相关单证和运费账单等。

3. 反馈运输信息

跟踪货物运输状态、反馈运输信息是外贸人员掌握货物动态的必做工作，了解货物的实时运输情况，可以及时更好地应对突发状况。图 4-5 所示为反馈运输信息的主要内容。

反馈运输信息的主要内容：
- 货物运输的安全状况，是否发生意外损失
- 货物运输的实时状态，是否能够按时到达
- 运输航线的环境状况，是否会遇到恶劣天气
- 货物是否正常通关，若发生意外如何补救

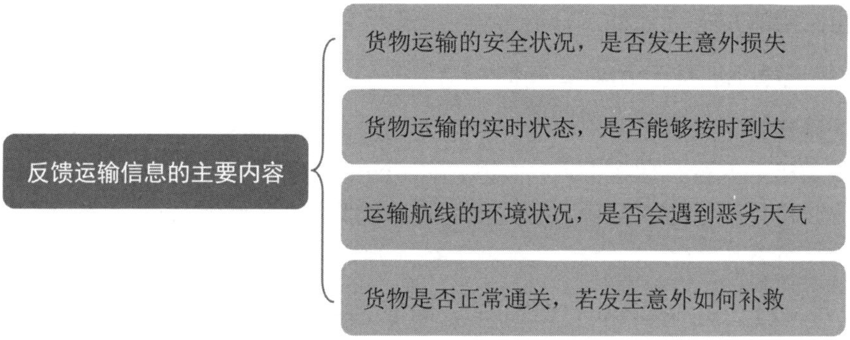

图 4-5　反馈运输信息的主要内容

4.2　外贸出口收汇的核心环节

收汇是外汇增收的主要方式，也是外贸交易中至关重要、不可或缺的环节，外贸公司出口的每一笔货物，都需要将交易收入的外汇纳入国家管理。本节将从 5 个方面为大家介绍外贸出口收汇的有关知识，帮助大家合规合法地结算交易货款。

4.2.1 外贸收汇的基本方式

在实际的外贸交易中，买卖双方进行结算的方式有很多种，常见的主要有汇付、托收、议付信用证和远期支票等支付方式，如图 4-6 所示。

常见支付方式
- 汇付，主要有信汇、电汇和票汇 3 种支付方式
- 托收，主要有付款交单和承兑交单两种支付方式
- 议付信用证，卖方委托银行买入跟单汇票，按规定索偿费用
- 远期支票，由出票人签发，委托银行在见票时无条件付款

图 4-6 常见支付方式

4.2.2 外贸汇付流程及类型

汇付是由买方通过使用各种结算工具(一般为银行)，主动向卖方支付货款的行为。汇付常用的方式有 3 种，分别为信汇、电汇和票汇。

1. 信汇(Mail Transfer，简称 M/T)

信汇是指买方向银行提出申请，并存入一定金额和手续费，银行将信汇委托书以邮寄方式寄给汇入行，授权汇入行向买方解付一定金额的结算方式。在目前的外贸交易中，很少使用信汇方式结算，因为信汇收款周期长、安全性低，且不利于及时查询进程。

2. 电汇(Telegraphic Transfer，简称 T/T)

电汇是指买方在银行存入一定款项，汇付银行将电汇付款委托书通过电信手段通知汇入行，授权解付一定金额给卖方的结算方式。电汇是目前常用的结算方式，其优点是汇付速度快且方便，卖方能快速地收到货款。

电汇也具有费用高，稳定性和安全性较差的缺点，我国电汇的手续费一般按照总金额的 0.1% 来收取，电汇也常受到网络和国际黑客的影响。

3. 票汇(Demand Draft，简称 D/D)

票汇是指买方向当地银行购买汇票并自行寄给卖方，卖方凭汇票向指定银行取款的结算方式。需要注意的是，汇入行无须通知卖方取款，需要卖方上门自取；卖方还

可以通过背书转让汇票，因此汇票上列明的可能不是收款人本人，而是其他人。

4.2.3 外贸托收流程及类型

托收则是卖方开具以买方为付款人的汇票，委托银行向买方收款的结算方式，主要有付款交单(Documents against Payment，简称 D/P)和承兑交单(Documents against Acceptance，简称 D/A)两种付款方式。

参与托收的当事人主要有 4 个，分别为委托人、付款人、托收行以及代收行，委托人为卖方，付款人为买方，托收行为卖方所在地银行，而代收行则为买方所在地的银行。

托收对卖方来说风险较大，卖方需要先发货、后收款。托收业务属于商业信用业务，银行在办理托收业务时，既不会检查货运单据是否正确和完整，也不会承担买方是否按时付款的责任。

专家提醒

托收结算主要是依靠买方的商业信誉，如果买方破产倒闭，事先没有取得进口许可证，或找借口拒不付款等，卖方就可能遭受货款两空的损失。即使卖方可以通过索赔追回部分赔偿，但在买方破产或逃之夭夭的情况下，也很难弥补全部损失。

1. 付款交单(Documents against Payment，简称 D/P)

付款交单是指代收行在买方付清货款后，才能将货运单据交给买方。按照付款时间的差异，付款交单又可分为两种，如图 4-7 所示。

付款交单按时间分类
- 即期付款交单（D/P Sight），卖方开具即期汇票，买方见票必须立即付款，货款付清才能取得货运单据
- 远期付款交单（D/P after Sight），卖方开具远期汇票，买方承兑后，最迟于汇票到期当日付款赎单

图 4-7 付款交单按时间分类

2. 承兑交单(Documents against Acceptance，简称 D/A)

承兑交单是指卖方在货物装运后开具远期汇票，连同商业单据通过银行通知买方，买方承兑汇票后，代收行即可将商业单据交结买方。直到汇票付款到期日，买方才能履行付款责任。

4.2.4 信用证业务中的议付

议付信用证(Negotiation L/C)是包括议付条款的信用证,委托行可以使用与信用证规定一致的单据买入跟单汇票,然后按照相关规定索偿票款和有关费用。议付信用证又可分为公开议付信用证(Open Negotiation L/C)和限制议付信用证(Restricted Negotiation L/C)两种类型,如图4-8所示。

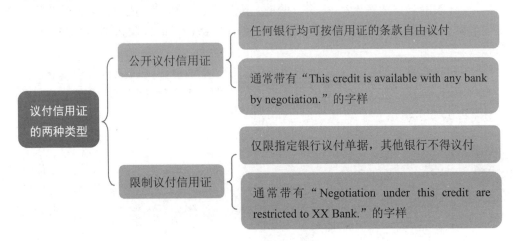

图4-8　议付信用证的两种类型

公开议付信用证又可称为自由议付信用证,对受益人(卖方)比较有利,受益人无须到通知行进行议付,而是可以自由选择议付银行。但在使用议付信用证支付货款时,限制议付信用证更常见,主要有3种原因,如图4-9所示。

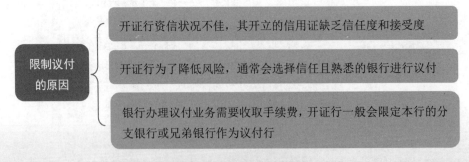

图4-9　限制议付的原因

使用议付信用证支付货款,需要受益人(卖方)开具汇票,并将单据一并交至信用证规定的银行进行议付,议付银行在审核后扣除垫付资金的利息,将余款付给受益人,最后议付行再按照信用证规定将汇票和单据交于开证行索偿。图4-10所示为议付信用证的业务流程。

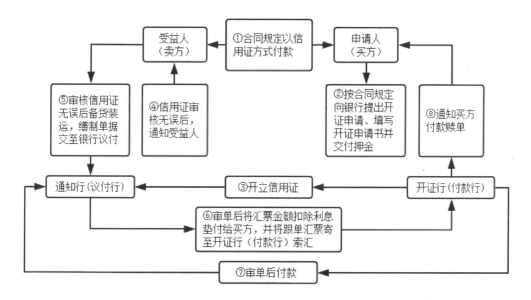

图 4-10 议付信用证业务流程图

4.2.5 远期支票的支付方式

远期支票是指支票上记载的发票日晚于实际发票日的支票，即发票日填写的是将来日期，远期支票的目的在于推迟付款日期。

当出票人(买方)不希望远期支票持有人(卖方)在出票日之前将支票拿到银行兑现时，出票人可以在出票后立即将支票信息书面通知银行，要求只有到票面显示的出票日才予以兑现。

由于使用远期支票支付的风险太大，我国法律禁止使用该支付方式，但有些国家却允许使用远期支票。因此，外贸人员需要采取应对风险的措施，将风险最小化。降低远期支付风险，可以从以下两个方面着手，如图 4-11 所示。

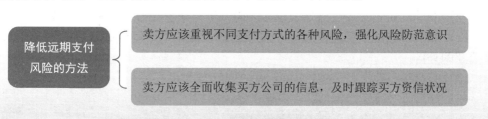

图 4-11 降低远期支付风险的方法

4.3 外贸出口制单结汇的流程

缮制单据是外贸业务员必须掌握的技能，只有整理好准确的单据，才能顺利地进行结汇核销。本节将从 5 个方面出发，帮助大家理清外贸出口制单结汇的流程，进一步了解单证准备和处理的方法。

4.3.1 确定并准备单证

单证是交易结算的单据、文件和证书，凭此可以办理货物的支付、运输、保险、商检和结汇等手续，外贸人员需要根据合同和信用证规定，准备结算所需要的单证。图 4-12 所示为外贸交易的主要单证。

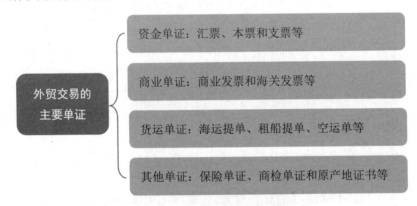

图 4-12 外贸交易的主要单证

所有单证的日期都有明确规定，一般来说，提单的日期是确定其他单证日期的关键，提单和发票等单证日期应早于汇票日期，汇票日期不能迟于 L/C 的有效期。主要单证的日期关系具体如下所述。

(1) 发票日期早于所有单证日期。

(2) 提单日期应在 L/C 规定装运期之内，不得早于 L/C 规定的最早装运期。

(3) 保险单的签发日期不得早于发票日期，应早于或等于提单日期(一般早于提单日期两天)。

(4) 装箱单日期须早于提单日期，等于或迟于发票日期。

(5) 产地证应早于提单日期，不迟于发票日期。

(6) 受益人证明应等于或迟于提单日期。

(7) 装船通知应等于或迟于提单日期后 3 天内。

(8) 船运公司证明应等于或早于提单日期。

大型外贸公司通常会有专门的单证员进行单证的缮制工作，制作单证具有一定的难度，所有单证的制作要求可以用 10 个字来概括，即准确、完整、及时、简明和整洁。图 4-13 所示为单证制作要求的具体含义。

单证制作要求的具体含义

- 准确：单证内容应准确无误，与货物实际情况一致，符合国际贸易惯例、合同与信用证要求和法律法规要求
- 完整：包括单证内容完整（货物具体信息）、单证数量完整（具体单证份数）和单证种类完整（有无正副本或背书要求）
- 及时：在规定的时间内制作单据，避免因延迟而影响其他环节
- 简明：单证要求写的内容不能缺，与单据无关的内容不要写
- 整洁：合理设计单证板式，重点突出主要内容，应减少或避免加签修改，禁止出现涂抹现象

图 4-13　单证制作要求的具体含义

4.3.2　审核单证的正确性

所有单证缮制完成后，外贸人员还需要对单证进行审核，发现问题及时改正，以保证单证的正确性。外贸人员应及时、全面地审核单证，做到"单单相符，单证相符"，重点审核单证的日期、数量和货物的具体描述等信息。下面就为大家介绍主要单证审核的重点。

1) 汇票

(1) 汇票付款人的名称和地址是否正确。

(2) 汇票上金额的大、小写是否一致。

(3) 汇票付款期限是否符合信用证或合同的规定。

(4) 检查汇票金额是否超出信用证金额，如信用证金额前有"大约"一词可按 10%的增减幅度掌握。

(5) 出票人、收款人和付款人都必须符合信用证或合同规定。

(6) 汇票是否按规定进行了背书。

(7) 汇票是否由出票人签字。

(8) 汇票份数是否正确，如"仅此一张"。

2) 商业发票

(1) 抬头人必须符合信用证的规定。

(2) 签发人必须是受益人。

(3) 货物描述和货物数量必须完全符合信用证的要求。

(4) 单价和价格条件必须符合信用证的规定。

(5) 提交的正副本份数必须符合信用证的要求。

(6) 信用证要求表明和证明的内容不得遗漏。

(7) 发票的金额不得超出信用证的金额，如数量、金额均有"大约"，可按10%的增减幅度掌握。

3) 保险单据

(1) 保险单据由保险公司或其代理出具。

(2) 投保加成符合信用证的规定。

(3) 保险险别符合信用证的规定并且无遗漏。

(4) 保险单据的正副本份数应齐全，如保险单据注明出具一式多份正本，除非信用证另有规定，所有正本都必须提交。

(5) 保险单据上的币制应与信用证上的币制相一致。

(6) 包装件数、唛头等必须与发票和其他单据相一致。

(7) 运输工具、发货地及目的地，都必须与信用证及其他单据相一致。

(8) 转运时，保险期限必须包括全程运输。

(9) 除非信用证另有规定，保险单的签发日期不得迟于运输单据的签发日期。

(10) 除非信用证另有规定，保险单据一般应做成可转让的形式，以受益人为投保人，由投保人背书。

4) 运输单据

(1) 运输单据的类型必须符合信用证的规定。

(2) 起运地、发货地和目的地必须符合信用证的规定。

(3) 装运日期和出单日期必须符合信用证的规定。

(4) 运费预付或运费到付必须正确表明。

(5) 正副本份数应符合信用证的要求。

(6) 运输单据上不应有错误批注。

(7) 包装件数必须与其他单据相一致。

(8) 唛头必须与其他单据相一致。

4.3.3 处理有问题的单证

外贸人员必须及时处理审核单证时发现的问题,在单据规定的有效期内将问题修改妥当,对于因为各种原因无法进行修改的单证,外贸人员可以向银行出具一份担保书,要求银行向开证行寄单并保证买方在不接受单证或付款的情况下,银行有权收回已偿付的款项。

议付单证若出现与信用证要求不符的错误,则称为不符点。外贸人员发现不符点后,若时间允许则可以直接修改不符点,从而保证正常议付货款。来不及修改不符点时,外贸人员可以联系买方和开证行加以说明,以便双方确认并接受不符点。

4.3.4 办理交单与结汇

交单结汇是指卖方根据信用证上规定时间和其他要求,向银行提交所有单据,经银行审核后按信用证规定的付汇条件办理结汇。主要的结汇方式有 3 种,分别为议付信用证、付款信用证和承兑信用证,如图 4-14 所示。

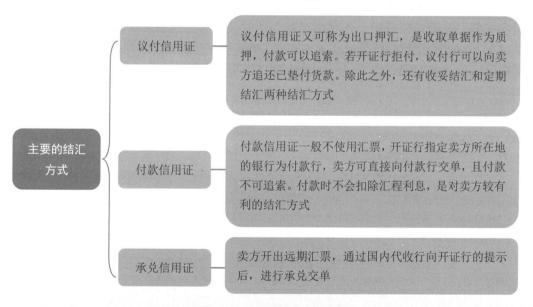

图 4-14 主要的结汇方式

4.4 向外汇管理局申报核销

我国禁止人民币自由流通和兑换,对于外贸公司来说,这种货币政策有利也有弊。方便之处在于，大多数交易都是以美元成交的，因此外贸公司不用担心美元的汇率变化会给交易带来巨大风险；弊端在于每次交易时都需要申报核销，尤其是大宗的进出口交易涉及的金额较大。

向外汇管理局申报核销，可以简单理解为当卖方完成出口交易，收到买方汇来的外汇货款时，卖方必须将外汇连同核销单交至外汇管理局进行核销，国家会将外汇兑换成相应的人民币给卖方。

外贸人员只有按规定向外汇局申报核销，才能办理退税手续，本节就为大家介绍如何办理外贸核销手续并了解办理核销单的申请原则，帮助大家更好地了解这一环节的工作内容。

4.4.1 办理外贸核销手续

外贸人员在办理核销手续之前，首先要满足 4 个条件，分别是拥有工商营业执照、拥有组织机构代码证书、拥有进出口经营权和拥有海关自理报关单位注册登记证明书。

外汇局根据外贸公司贸易外汇收支的合规性，以及货物进出口的一致性，将外贸公司分为 A、B、C 3 类。不同类型的外贸公司在办理核销手续时的流程也有所不同，A 类公司办理核销手续较简便，B、C 类公司在分类监管期内合法合规经营的，可以升级为 A 类公司。表 4-1 所示为办理核销手续的具体流程。

表 4-1 办理核销手续的具体流程

基本流程	具体内容
开户	初次申领收汇核销单的卖方或代理人，需要到外汇局办理开户手续
领单	在外汇管理局领取核销单，核销单的有效期为 3 个月，过期后依程序退回外汇管理局
审核	在货物出口报关时向海关出示核销单，海关审核无误后盖章
交单	卖方收回核销单存根及其附件，在报关之日起的 60 天内，凭核销单、报关单和商业发票到外汇管理局送交核销单存根
核销	卖方应在收到外汇之日起的 30 天内，到外汇管理局办理核销手续

4.4.2 核销单的申请原则

核销单是办理核销手续的凭证，海关凭此受理报关，外汇管理部门凭此办理核销收汇业务。办理核销单主要有 4 个原则，如图 4-15 所示。

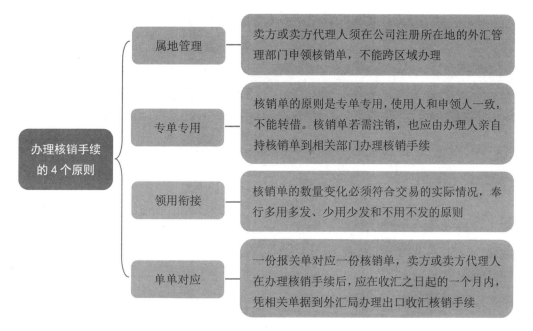

图 4-15 办理核销手续的 4 个原则

4.5 这些税收优惠政策请收好

税收优惠政策是政府鼓励和照顾纳税人的特殊规定，目的是减轻其税收负担。税收优惠政策是政府调节经济的税收手段，可以优化产业结构和促进经济协调发展。一般来说，税收优惠政策会免除纳税人应缴的全部或部分税款，或者将纳税人缴纳的税款按一定比例予以返还等。

税收优惠政策减轻了外贸公司的出口成本，为外贸公司带来了实际利益，极大地促进了外贸产业的发展。本节就从 3 个方面出发，帮助大家进一步了解具体的外贸税收优惠政策、政策的实施范围，以及外贸退税额度的计算方法。

4.5.1 了解外贸的税收优惠政策

我国在 2005 年实施了《出口货物退(免)税管理办法》，目的是鼓励出口，降低外贸公司的出口成本。通过税收优惠政策，外贸公司可以将产品以不含税的价格打入国际市场，与其他产品进行相对公平的竞争，这在一定程度上提高了产品的竞争力。

出口退税是我国税收优惠政策的关键组成部分，出口退税政策主要包括免税、抵税和退税 3 项内容，如图 4-16 所示。

```
┌─ 免税：对生产型公司出口的自产货物，免征公司生产销售环节的增值税
│
出口退税─┼─ 抵税：对生产型公司出口的自产货物，免征或退还所耗用的原材料、零部
政策的内容  │     件等已纳税款项，抵顶内销货物的应纳税款
│
└─ 退税：指生产型公司出口的自产货物在一个季度内，因应抵顶的税额大于
      应纳税额而未抵顶完时，经税务机关批准后予以退税
```

图 4-16　出口退税政策的内容

税收政策是政府为了实现一定时期的社会或经济目标，通过一定的税收政策手段，调参市场经济主体的物质利益、给予强制性刺激，从而在一定程度上干预市场机制运行的一种经济活动。外贸人员想要了解最新的税收政策，可以登录国家税务总局官网查询相关细则，如图 4-17 所示。

| 总局概况 | 信息公开 | 新闻发布 | 税收政策 | 纳税服务 |

| 最新文件 | 政策解读 | 秒懂政策 |

- 关于发布出口退税率文库2021C版的通知　　　　　　　　　　　[07-29]
- 关于取消钢铁产品出口退税的公告　　　　　　　　　　　　　　[07-29]
- 关于单边预约定价安排适用简易程序有关事项的公告　　　　　　[07-26]
- 关于修订部分税务执法文书的公告　　　　　　　　　　　　　　[07-16]
- 关于完善住房租赁有关税收政策的公告　　　　　　　　　　　　[07-15]
- 关于持续整治规范房地产市场秩序的通知　　　　　　　　　　　[07-13]
- 税务稽查案件办理程序规定　　　　　　　　　　　　　　　　　[07-12]
- 关于增值税 消费税与附加税费申报表整合有关事项的公告　　　　[07-09]
- 关于公布全文和部分条款失效废止的税务规范性文件目录的公告　[07-09]

图 4-17　国家税务总局公布的税收政策

4.5.2　税收优惠政策的实施范围

《出口货物退(免)税管理办法》明确规定了税收优惠的范围，只有在一定范围内出口商品才能享受相应的优惠政策。具体来说，享受税收优惠政策的货物主要有 3 类，如图 4-18 所示。

需要注意的是，出口的所有货物都必须是自产货物。自产货物指的是生产企业购进原、辅材料，经过加工生产的货物。自产货物的范围较广，除了自己生产之外，还包括委托第三方加工、生产的货物。

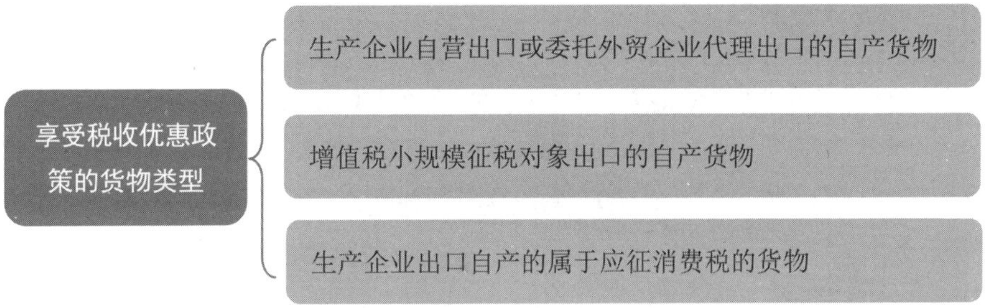

```
┌─────────────┐  ┌─────────────────────────────────────────┐
│             │──│ 生产企业自营出口或委托外贸企业代理出口的自产货物 │
│ 享受税收优惠政│  └─────────────────────────────────────────┘
│ 策的货物类型 │──│ 增值税小规模征税对象出口的自产货物 │
│             │  └─────────────────────────────────────────┘
│             │──│ 生产企业出口自产的属于应征消费税的货物 │
└─────────────┘  └─────────────────────────────────────────┘
```

图 4-18 享受税收优惠政策的货物类型

4.5.3 外贸退税额度的计算方法

国家对外贸企业实行"先征后退"的税收政策，顾名思义就是先对外贸企业征收部分出口税额，出口企业完成核销手续后，再申报退税。图 4-19 所示为"先征后退"额度的计算公式。

计算公式

（公式中的征税税率、退税税率均指出口货物适用的增值税税率和退税率）

一般贸易方式

当期应纳税额 = 当期内销货物销项税额 + 当期出口货物离岸价 × 外汇人民币牌价 × 征税税率 - 当期全部进项税额

当期应退税额 = 当期出口货物的离岸价 × 外汇人民币牌价 × 退税税率

进料加工贸易方式

当期应纳税额 = 当期内销货物销项税额 + 当期出口货物的离岸价 × 外汇人民币牌价 × 征税税率 - （当期全部进项税额 + 当期海关核销免税进口料件组成计税价格 × 征税税率）

当期应退税额 = 当期出口货物离岸价 × 外汇人民币牌价 × 退税税率 - 当期海关核销免税进口料件组成计税价格 × 退税税率

图 4-19 "先征后退"额度的计算公式

我国出口退税的税额通常是按照货物的采购成本(不含税)来计算的，如果外贸企业的出口产品已经包含了增值税，就需要先扣除增值税部分，再计算出口退税额。计算公式具体如下所述。

【计算公式】

不含税价格 = 含税价格 ÷ (1 + 增值税率)。

出口退税额 = 不含税价格 × 出口商品退税率。

A 公司出口一批健身器材，每件 4680 元人民币(含增值税)，总计 200 件，增值税率为17%,该健身器材的退税率为13%。那么,A公司出口的这批健身器材退税额为多少?

不含税价格 = 4680 × 200 ÷ (1 + 17%) = 80(万元人民币)。

出库退税额 = 80 × 13% = 10.4(万元人民币)。

通过计算可知,A公司出口该批健身器材的退税额为10.4万元人民币。

专家提醒

需要注意的是,外贸企业必须在货物报关出口的90天内,及时办理出口退税申报手续;生产企业必须在货物报关出口的申报期内,及时申报免抵税。

第 5 章

交易凭证：外贸单证的种类及使用

在外贸交易过程中，各种业务都会使用很多单据和凭证，例如信用证、出口许可证、原产地证明书、报价单、报关单、汇票、发票、提单、装箱单、保险单和检验证书等，这些单证保证了整个外贸流程的正常运行。

本章将为大家介绍外贸单证的种类及其使用方法，帮助大家进一步了解外贸单证的使用常识。

▶ 催开与处理外贸信用证
▶ 熟悉其他外贸交易单证

5.1 催开与处理外贸信用证

信用证(Letter of Credit，简称 L/C)是开证行根据申请人(买方)的要求，向受益人(卖方)开立的一种保证承担支付货款责任的书面凭证。开证行保证在收到受益人交付全部符合信用证规定的单据后，履行付款责任。

简单来说，信用证就是买卖双方为了降低交易的风险，委托银行作为保证人，使用信用证作为工具代为收款交单，以银行信用代替商业信用。本节就为大家详细介绍外贸信用证，帮助大家进一步掌握外贸知识。

5.1.1 信用证种类与主要内容

开通信用证需要具有开证行、申请人和受益人3个基本要素，信用证是买卖双方交易的"信任桥梁"。卖方只有严格按照信用证的规定，做到"货单一致、单证一致和单单一致"，才能凭信用证在银行取款。

1. 信用证种类

信用证作为一种支付凭证，可以根据其性质、期限或流通方式等特点分为多种类型，下面就为大家介绍常用的信用证种类，如图5-1所示。

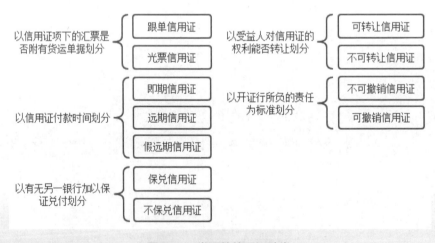

图5-1 常用的信用证种类

1) 以信用证项下的汇票是否附有货运单据划分

跟单信用证(Documentary Credit)是凭跟单汇票或仅凭单据付款的信用证。此处的单据指代表货物所有权的单据(如海运提单等)，或证明货物已交运的单据(如铁路运单、航空运单和邮包收据等），在实际的外贸交易中，跟单信用证的使用率较高。

光票信用证(Clean Credit)是凭不随附货运单据的光票(Clean Draft)付款的信用证。银行凭光票信用证付款，也可以要求受益人附交一些非货运单据，如发票、垫款清单等。

2) 以信用证付款时间划分

开证行或付款行收到符合信用证条款的跟单汇票或装运单据后，即期信用证(Sight L/C)需要立即履行付款义务，而远期信用证(Usance L/C)则需在规定期限内履行付款义务。

假远期信用证(Usance Credit Payable at Sight)规定受益人开立远期汇票，由付款行负责贴现，并规定一切利息和费用由开证人承担。实际上，这种信用证对受益人来讲仍属即期收款信用证。

3) 以有无另一银行加以保证兑付划分

保兑信用证(Confirmed L/C)是指开证行开出的信用证，由另一银行保证对符合信用证条款规定的单据履行付款义务，对信用证加以保兑的银行则称为保兑行。不保兑信用证(Unconfirmed L/C)是开证行开出的信用证不必经另一家银行保兑。

4) 以受益人对信用证的权利能否转让划分

可转让信用证(Transferable L/C)是指信用证的受益人可以要求授权付款、承担延期付款责任，承兑或议付的银行(统称"转让行")，或当信用证是自由议付时，可以要求信用证中特别授权的转让银行，将信用证全部或部分转让给一个或数个受益人使用的信用证。

不可转让信用证，则是指受益人不能将信用证的权利转让给他人。开证行在信用证中要明确注明"可转让(transferable)"，且只能转让一次，凡信用证中未注明"可转让(transferable)"字样的，即是不可转让信用证。

5) 以开证行所负的责任为标准划分

不可撤销信用证(Irrevocable L/C)，指信用证一经开出，在有效期内未经受益人及有关当事人的同意，开证行不能片面修改和撤销，只要受益人提供的单据符合信用证规定，开证行必须履行付款义务。

可撤销信用证(Revocable L/C)，是指开证行无须征得受益人或有关当事人同意，有权随时撤销的信用证，且需要在信用证上注明"可撤销"字样。但《UCP500》规定：只要受益人依信用证条款规定已得到了议付、承兑或延期付款保证时，该信用证即不能被撤销或修改。除此之外，如信用证中未注明是否可撤销字样，应视为不可撤销信用证。

2. 信用证内容

信用证只根据单证付款，不以货物为标准，只要受益人交付的单据与信用证相符，开证行就应无条件付款。信用证不依附于买卖合同，且信用证是一种银行信用，开证行承担支付货款的首要责任。

那么，信用证的条款究竟有哪些呢？下面就为大家简单介绍信用证包含的主要内容，如图 5-2 所示。

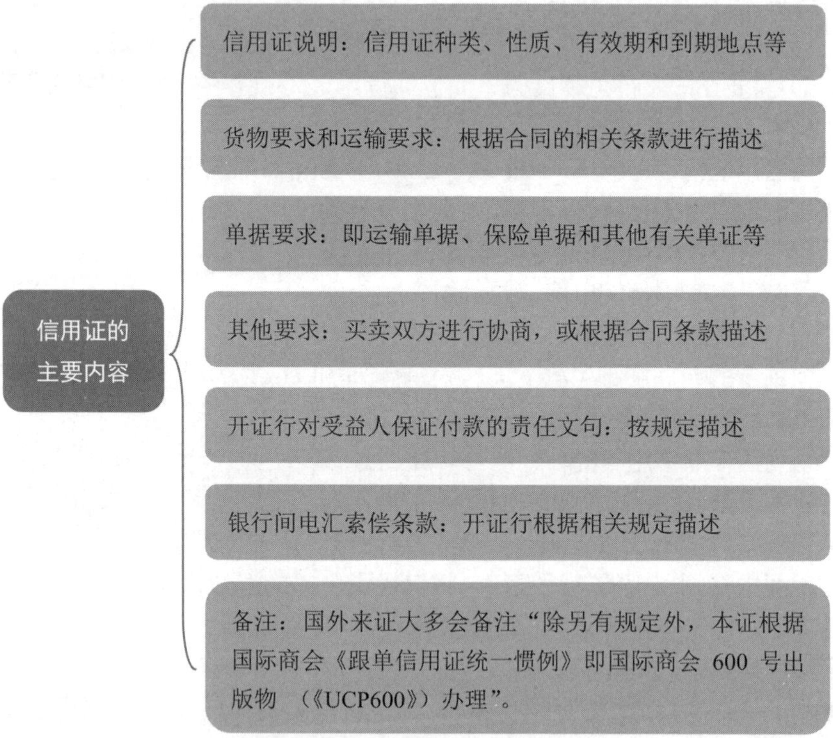

```
信用证的主要内容
├─ 信用证说明：信用证种类、性质、有效期和到期地点等
├─ 货物要求和运输要求：根据合同的相关条款进行描述
├─ 单据要求：即运输单据、保险单据和其他有关单证等
├─ 其他要求：买卖双方进行协商，或根据合同条款描述
├─ 开证行对受益人保证付款的责任文句：按规定描述
├─ 银行间电汇索偿条款：开证行根据相关规定描述
└─ 备注：国外来证大多会备注"除另有规定外，本证根据国际商会《跟单信用证统一惯例》即国际商会 600 号出版物（《UCP600》）办理"。
```

图 5-2　信用证的主要内容

5.1.2　银行在信用证中扮演的角色

买卖双方都同意使用信用证支付货款后，买方则需要履行责任到银行开付信用证，银行在办理信用证的整个业务流程中扮演"中间人"的重要角色，需要遵守"单单一致、单证一致"的基本原则。

受申请人委托，办理信用证并支付货款的银行称为开证行，通知受益人领取信用证的银行称为通知行。除此之外，还有议付行、付款行、保兑行、承兑行和偿付行，下面就为大家介绍银行在办理信用证时扮演的主要角色。

1. 通知行(Advising Bank)

通知行是受开证行委托，将信用证通知或转交给卖方的银行，一般为开证行在卖方所在地的代理行。通知行需要审核信用证的真实性和正确性，及时将信用证或修改通知书发给卖方，若后续发现信用证存在错误，则需要承担相应的责任。

2. 议付行(Negotiation Bank)

议付行是开证行授权买入卖方开立和提交符合信用证规定汇票、单据的银行，开证行一旦指定某银行作为议付行，则其他银行不得办理该项议付业务。若信用证中有明确规定，非指定银行也可以作为议付行。

3. 付款行(Paying Bank)

付款行是信用证上规定承担付款责任的银行，一般为信用证规定的开证行，也可以是开证行委托的其他银行。在办理具体业务时，若委托的其他银行拒绝付款，卖方可以要求开证行付款。

4. 偿付行(Reimbursing Bank)

偿付行是受开证行的委托，代替开证行偿还议付行垫款的银行。当信用证中规定的付款货币既不是出口国货币，也不是进口国货币时，就需要偿付行代为付款。

偿付行一般为开证行的存款银行或约定垫款的银行，凭议付行证明单证相符的索汇证明书付款。开证行收到单据后若发现问题，应向议付行追回已付货款，偿付行没有审单的义务，因此不承担相应的责任。

专家提醒

需要注意的是，设立在不同国家的银行与支行，在实际外贸交易中也会被认为是完全不同的独立银行。因此，买方所在国的开证行与设在卖方所在国的支行为不同主体的银行，办理具体业务时，应以具体银行的规章制度为执行标准。

5.1.3 催开与受理外贸信用证

买卖双方约定按照信用证方式付款时，买方应按照合同规定的时间开立信用证，以便卖方及时装运货物。一般来说，买方至少应在货物装运期的前 15 天开立信用证交到卖方手中；若卖方对新客户的资信状况不太了解，则应提前 30~45 天或以上的期限。

买方及时开立信用证是履行合同的基本义务，尤其是大宗货物或定制货物交易。若买方没有及时开立信用证，卖方则无法准时安排货物生产等工作，甚至会造成货物延期装运或滞销的严重后果。

1. 催开信用证

在实际的外贸交易中,买方在市场行情发生变化或缺乏资金时,常常会拖延开证,因此卖方应该时刻跟进检查买方的开证情况,必要时催促对方迅速开立信用证。催证的方式一般可使用电子邮件、信件、传真和电话等通信工具,需要催证的情形有以下几种,如图 5-3 所示。

```
                    ┌── 买方没有按照合同规定期限开立信用证,属于违约行为,卖方若
                    │   希望继续交易,可在保留索赔权的前提下催促对方开证
                    │
                    ├── 合同规定的装运日期与合同签订日期间隔较长,为保证货物能够
  需要催证           │   按时装运,可以及时提醒对方开证
  的情形  ──────────┤
                    ├── 买方资信状况欠佳、故意拖延开证,或因缺乏资金延迟开证等,
                    │   卖方需要及时提示催促买方开证,督促买方履行义务
                    │
                    └── 卖方提前将货物准备妥当,可以提前装运货物,应询问买方是否
                        可以提前开证、提前交货
```

图 5-3　需要催证的情形

卖方催证一般应发函指出买方的违约行为,催促对方立即开立信用证或延长开证期限,要求对方不要再次逾期。为了帮助大家更进一步地了解催证流程,下面就介绍一些催证函常用的表达方式。

> 贵方订单为 HJ07 的货物已经备好待运一个星期了,为了保证准时交货,请尽快开立信用证。
>
> The goods you ordered for HJ07 have been ready for shipment for a week. In order to ensure the punctual delivery, please open the L/C as soon as possible.
>
> 贵方所订货物已准备妥当,请立即开立信用证,我方收到信用证即刻发货。
>
> As the goods ordered are ready for shipment, please hasten your L/C, we will ship the order upon receipt of it.
>
> 请贵方认真考虑商业信誉,立即开立信用证,否则产生的一切损失由贵方承担。
>
> Please take commercial reputation into account in all seriousness and open L/C at once, otherwise all the losses will be borne by you.
>
> 如果信用证不能在七月底之前开立,我们将不得不取消订单。
>
> If your L/C fails to reach us by the end of July, we can not but cancel your order.

通常情况下，卖方应该通融接受逾期开立的信用证，而面对一再拖延开证的买方，卖方可以慎重考虑向其索赔或终止交易。

2. 受理信用证

一般来说，从买方开立信用证到卖方收到信用证，快则需要1周，慢则需要10天。为了明确具体订单对应的信用证，外贸人员需要时刻跟进买方开证的进度，避免弄混淆。

5.1.4 阅读与审核外贸信用证

外贸人员在收到信用证后，要仔细阅读并严格审核。下面为大家具体介绍阅读信用证的重点和审核信用证通知书的要点，帮助各位减轻阅读和审核信用证的难度和压力，提高工作效率。

1. 阅读信用证

信用证的条款较多，为了更加高效地阅读信用证，下面将信用证条款编号分为必选和可选，外贸人员可以根据信用证编号快速阅读。

必选：
20 Documentary Credit Number(信用证号码)。
27 Sequence of Total(电文页次)。
31D Date and Place of Expiry(信用证有效期和有效地点)，该项日期为最后交单的日期。
32B Currency Code, Amount(信用证结算货币和金额)。
40A Form of Documentary Credit(跟单信用证形式)。
41A Available with…by…(指定的有关银行和信用证兑付方式)。
49 Confirmation Instructions(保兑指示)。
50 Applicant(信用证开证申请人)。
59 Beneficiary(信用证受益人)。

可选：
23 Reference to Pre-advice(预先通知号码)。
31C Date of Issue(开证日期)，该项若未填，开证日期则为电文发送日期。
39A Percentage Credit Amount Tolerance(信用证金额浮动允许范围)。
39B Maximum Credit Amount(信用证最大限制金额)。
39C Additional Amount Covered(额外金额)。
需要注意的是，39A 与 39B 不能同时出现。
42A Drawee(汇票付款人)。

42C Draft at(汇票付款日期)。

需要注意的是，42A 和 42C 必须同时出现。

42M Mixed Payment Details(混合付款条款)。

42P Deferred Payment Derails(延期付款条款)。

43P Partial Shipments(分装条款)，表示货物是否分批装运。

43T Transshipment(转运条款)，表示货物是直达目的地还是转运到达。

44A Loading on Board/Dispatch/Taking in Charge at/form(装船、发运和接收监管的地点)。

44B For Transportation to(最终目的地)。

44C Lasted Date of Shipment(最后装船期)。

44D Shipment Period(船期)。

需要注意的是，44C 和 44D 不能同时出现。

45A Description of Goods and/or Services(货物描述)。

46A Documents Required(单据要求)。

47A Additional Conditions(特别条款)。

48 Period for Presentation(交单期限)。

49 Confirmation Instructions(保兑指示)。

51A Applicant Bank(信用证开证行)。

71B Charges(费用情况)。

72B Sender to Receiver Information(附言)。

78B Instruction to the Paying/Accepting/Negotiating Bank(给付款行、承兑行和议付行的指示)。

外贸人员在阅读信用证时，可以使用颜色鲜艳的荧光笔，将日期、金额等重要信息标记出来，这不仅方便日后缮制单据，还有利于重点审核重要条款。外贸人员利用编号阅读信用证，熟练到一定程度时，便可以直接查看重点编号内容。表 5-1 所示为信用证重点编号内容。

表 5-1　信用证重点编号内容

信用证的 10 项重点内容				
编号 31D：信用证的有效期限				编号 32B 交易金额
编号 40A：信用证类型		编号 44C 或编号 44D：交货日期		
编号 45A：货物名称		编号 46A：单证		编号 47A：特殊条款
编号 48：交单期限		编号 50：客户名称		编号 59：受益人名称

2. 审核信用证

由于种种原因，买方开立的信用证可能会出现与交易合同不符的问题，外贸人员需要严格审核信用证的各项条款，以维护自身的合法权益。下面就为大家介绍信用证的审核要点，如表 5-2 所示。

表 5-2　信用证的审核要点

要　点	具体内容
信用证性质	①信用证是否不可撤销；②信用证是否存在限制性生效要求或其他保留条款；③信用证是否按合同规定要求保兑；④电开信用证是否为简电信用证
开证人和受益人	开证人(买方)和受益人(卖方)的公司名称和地址是否正确
到期日和到期地点	①到期日是否符合合同规定，一般为装货后 15 天或 21 天；②到期地点必须在卖方所在地，以方便提交单据
通知方式	信用证通常是由通知行或保兑行通知受益人，其他可疑来源的信用证必须及时联系银行进行核实查验
付款时间	检查信用证付款时间是否符合合同规定或公司要求
金额、币制	①检查信用证金额是否正确；②检查信用证币制是否正确；③检查信用证金额的大、小写是否一致；④检查信用证单价与总价是否准确
货物数量	检查信用证货物数量是否符合合同规定，若没有明确规定，在付款金额不超过信用证金额的前提下，货物数量允许有 5%的增减
价格条款	检查信用证价格条款是否符合合同规定或公司要求
装货期	①能否在要求的装货期内按时装货并出运，若不能做到应联系买方修改有关条款；②超过信用证规定装货期的运输单据将构成不符点，银行有权拒付
装运条款	①检查是否允许分批装运货物，若明确规定了分批装运的具体时间，应落实到位；②检查是否允许转运货物，若没有明确规定，则允许转运
单据要求	检查是否需要出具单据、需要出具哪些单据、由谁提供单据、单据要求是否与合同一致，以及其他特殊要求等
费用要求	检查费用是否与之前协商的一致，若有额外的费用，原则上不应承担
陷阱条款	检查是否有额外、模棱两可的陷阱条款，若接收可能会造成货款两空的后果
是否受约束	信用证是否明确规定受《跟单信用证统一惯例》的约束，使交易有客观公正的标准，避免因不同理解而产生争议

3. 审核通知书

银行交送信用证时，必须一同附上信用证通知书，其主要内容为信用证编号、开证行、交易金额和有效期等，卖方同样需要审核信用证通知书，确保其正确度是顺利收款的重要前提。图 5-4 所示为信用证通知书审核要点。

信用证通知书审核要点

- 信用证通知行的中英文名称、中英文地址和传真号是否一致
- 信用证通知行的签章、业务编号和通知日期是否正确
- 受益人名称和地址，即信用证指定有权使用人通常为卖方
- 信用证证号必须清晰一致，若出现错误应及时联系修改
- 开证日期必须明确注明，若没有注明，则应将开证行的发电日期（电开信用证）或抬头日期(信开信用证)作为开证日期
- 信用证规定币别、金额应符合交易合同的规定，金额的表达方式若有大、小写两种，应全部保持一致
- 信用证的有效地点为卖方在有效期内向银行提交单据的地点；信用证的有效期限为卖方向银行提交单据的最后期限，若没有明确规定，银行将拒绝受理在装运期后 21 天提交的单据
- 信用证的付款期限、未付费用和费用承担人是否正确；信用证是否生效，生效通常表示为"Valid"
- 信用证印押是否相符，填"Yes"或"No"，电开信用证应查看有无密押核符签章(SWIFT L/C 因随机自动核押，无此章)
- 信用证是否需要保兑，根据相关内容填"Yes"或"No"
- 审核通知行的签章、业务编号和通知日期是否正确

图 5-4 信用证通知书审核要点

5.1.5 修改信用证与来证保管

审核信用证发现问题后，必须及时修改；收到正确的信用证后应妥善保管。下面

就为大家介绍修改信用证的主要内容和保管信用证的注意事项,以帮助外贸人员顺利办妥信用证手续。

1. 修改信用证

外贸人员审核信用证发现问题后,应要求买方及时修改信用证,为了避免不必要的损失,应在收到正确的信用证后再安排发货。外贸人员要求买方修改信用证时,需要发送一封正式的改证函,改证函主要包括3大要点,如图5-5所示。

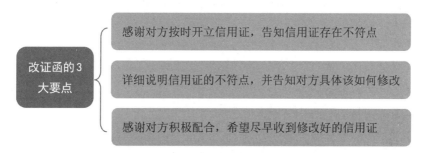

图5-5　改证函的3大要点

一般来说,改证函包含以上3点就能够完整地表达出卖方要求的意思,为了让大家对改证函有更清晰的认识,下面提供一封改证函的示例,以供大家参考。

【改证函示例】

Dear Sirs,

We are pleased to inform you that we have received your L/C. However, on examing the L/C carefully, we regretfully find that certain points are not in conformity with the terms stipulated in our Contract No. HJ0809. Therefore, you are requested to instruct your banker to make the following amendments.

(1)　Doc. Credit NO should be "IRREVOCABLE" instead of "revocable".

(2)　The total amount in word of the L/C is more than contract, so please amend it to read "SAY US DOLLAR SEVENTY-TWO THOUSAND SIX HUNDRED THIRTY-FOUR ONLY".

As the time of shipment is drawing near, please make the necessary amendments as soon as possible.

Yours faithfully.

敬启者:

我们很高兴地通知贵方,我们已收到贵方信用证。然而,经过仔细检查信用证,我们遗憾地发现某些地方与第 HJ0809 号合同规定的条款不符。因此,请通知贵方银行修改下列不符之处。

(1) 信用证号码应该是"不可撤销的"而不是"可撤销的"。
(2) 信用证字面上的金额高于合同金额,所以请将信用证改为"大写:柒万贰仟陆百叁拾肆美元整"。
由于交货期将至,请尽快进行必要的修改。
祝顺安康。

在撰写改证函时,外贸人员要尽可能将所有需要修改的内容一次性向对方提出,以避免出现多次修改信用证的问题。修改信用证的其他注意事项,如图 5-6 所示。

修改信用证的注意事项:
- 修改不可撤销信用证中的任何条款,都需获得当事人准许
- 接受或拒绝信用证中的某些条款,需要明确表示或实际操作
- 收到修改后的信用证,应及时审核是否修改到位,根据实际情况接受信用证,或提出重新修改信用证
- 对于信用证修改的内容,只能选择全部接受或全部拒绝,接受部分修改内容将视为无效
- 修改后的信用证需要通过原通知行重新通知才具有效力,经买方寄送的修改件视为无效
- 双方必须明确规定修改费用的承担方,一般应按责任归属进行划分

图 5-6 修改信用证的注意事项

2. 保管信用证

外贸人员需要凭信用证正本到银行办理结汇和其他必要手续,当货物装运出口、制单结汇完成后,外贸人员便可将信用证原本、交易合同和单据等整理好存档;若信用证经修改过,则应连同信用证正本一并交至银行办理结汇手续。

即使交易完成,外贸人员也不可将信用证随意丢弃,有的客户为了节省开证费用,会将过期信用证以修改书的形式增加货物数量、交易金额,延展信用证的展期。除此之外,交易进入索赔阶段时,信用证也能发挥查证信息的作用。

5.2 熟悉其他外贸交易单证

除了信用证之外,外贸交易还有很多其他重要的单证,外贸人员需要凭借这些单证来办理货物的支付、运输、保险、商检和结汇等手续。本节为大家介绍 10 种重要的外贸交易单证,帮助大家进一步了解外贸的必备知识。

5.2.1 出口许可证

出口许可证(Export Licence)是国家机关对出口货物进行检验和管理,批准货物合法出口的法律凭证,是对出口货物实行管制的必要措施。在实际外贸交易中,所有的出口货物都必须办理出口许可证,才具有出口资格。

1. 申领出口许可证

申领出口许可证是卖方出口货物的第一步,外贸人员在申领出口许可证之前,要将所有的申请材料准备齐全。图 5-7 所示为申领出口许可证应准备的具体申请材料。

申请材料

经营者申请出口许可证须提交以下材料:

一、加盖经营者公章的《中华人民共和国出口许可证申请表》原件。

二、①属于配额管理的,应提交主管机关签发的出口配额文件原件;②属于招标管理的,应提交商务部下发的中标经营者名单及其中标数量(原件),招标办公室出具的《申领配额招标货物出口许可证证明书》原件;③加工贸易方式出口需提交《加工贸易业务批准证》、海关加工贸易进口报关单原件。

三、出口合同正本复印件一份。

四、出口商与发货人不一致的,应当提交出口商与委托发货人的《委托代理协议》正本复印件一份。

五、商务部规定的其他应当提交的材料。
网上申请的,领取出口许可证时提交上述材料;书面申请的,申请时提交。
年度内初次申请出口许可证的,还应提交以下材料的复印件一份:①《企业法人营业执照》;②加盖对外贸易经营者备案登记专用章的《对外贸易经营者备案登记表》或者《中华人民共和国进出口企业资格证书》;经营者为外商投资企业的,应当提交《中华人民共和国外商投资企业批准证书》。

上述材料如有变化,经营者须及时向当地发证机构提交变更后的材料。

图 5-7 申领出口许可证必备申请材料

专家提醒

申领出口许可证的企业需要满足 3 个条件:①获得对外贸易经营许可权;②属于配额管理的货物需要获得出口配额;③属于出口招标管理的货物需要获得出口招标配额。只有同时满足以上 3 个条件,才具备申请资格。

出口许可证是海关查验、放行出口货物和银行办理结汇的依据，外贸人员办理出口许可证主要有两种途径，分别是书面申领和网上申领。图 5-8 所示为出口许可证的办理程序。

办理程序

一、书面申领：

企业到商务部行政事务服务中心办证窗口提交符合要求的申请材料 - 窗口人员录入发证系统 - 初审 - 复审 - 打印许可证 - 窗口发证。

二、网上申领：

企业在线填写申请表 - 提交申请表 - 初审 - 复审 - 打印许可证 - 窗口发证（企业同时提交符合要求的申请材料）。

图 5-8　出口许可证的办理程序

2. 更改、延期和补发出口许可证

出口许可证的有效期最长不超过 6 个月，如需要跨年份使用，有效期则不得超过当年 2 月底之前。出口许可证若是遇到了错误、过期和遗失等问题，则需要采取相应措施，下面就为大家介绍相应的解决办法。

1）更改出口许可证

按照相关规定，出口许可证一经签发，任何人不得更改证件上的所有内容。如果需要对证件内容进行更改，申领单位需要填写出口许可证申请表并提供出口合同，在证件有效期内将出口许可证退还至原发证机构换发新证。

2）延期出口许可证

出口许可证若由于种种原因未在有效期内使用，或需要延长使用期限，申领单位可向原发证机构申请延期，原发证机构将按照规定对出口许可证进行换证处理。

3）补发出口许可证

申领单位若遗失了出口信用证，应及时向发证机构和报关口岸的海关挂失。向发证机构重新申领新证时，应提供相关的遗失证明和未报关证明，并在具有影响力的经济报刊上刊登遗失声明作为遗失证明。

5.2.2　原产地证明书

原产地证明书(Certificate of Origin，CO)是应买方要求，由生产地商品检验机构或商会签发，证明货物原产地或制造地的证明文件。我国签发原产地证明书的机构有两个，分别是国家商品检验局和国际贸易促进委员会，一般来说，买方需要承担申请原产地证明书的相关费用。

1. 申办原产地证明书

根据相关法规规定，申请人申办原产地证明书的时间最迟在货物报关出运的前3天，并需要真实、完整地填写相关材料。表5-3所示为原产地证明书的申领流程。

表5-3 原产地证明书的申领流程

步骤	具体内容
注册登记	申请人需要凭营业执照、对外贸易经营许可证明和证明货物原产地的相关材料，向所在地的签证机构办理注册登记手续
填写材料	严格遵守签证机构的相关要求，正确填写以下材料。 ①《中华人民共和国出口货物原产地证书/加工装配证明书申请书》； ②《中华人民共和国出口货物原产地证明书》一式四份； ③出口货物商业发票； ④签证机构认为有必要的其他证明文件
确认盖章	提交的申请材料审核无误后，签证机构就会及时盖章发证，一般为1正本3副本，其中1正2副交至申请人

2. 原产地证明书的类型

原产地证明书虽然都用于证明货物产地，但使用的范围和格式却有所不同。一般来说，原产地证明书可分为3类，具体如下所述。

1) 普通产地证书

普通产地证书又可称之为一般产地证书，不使用海关发票或领事发票的国家通常会要求提供产地证明，以确定对货物征税的税率。除此之外，一些国家如果限制从某个国家或地区进口货物，也会要求提供产地证明以确定货物来源国。

普通产地证书主要有4种不同的签发者，分别为卖方出具的产地证、国家进出口商品检验局签发的原产地证明书、中国国际贸易促进委员会(中国商会)出具的产地证和生产商出具的产地证。

2) 普惠制产地证书

普惠制产地证书是普惠制的主要单据，对于给普惠国出口的一般货物，都需要提供这种证书。普惠制产地证书由进出口公司填制、中国进出口商品检验局出具，以此作为进口国减免关税的依据。

3) 欧洲纺织品产地证书

纺织品产地证书是专门针对欧洲、美国等国家出口纺织品所使用的产地证书，该类型交易的信用证上会明确要求提供纺织品产地证书。中国目前没有纺织品专用的原产地证书，外贸人员需要与客户沟通协商，说明提供中国认证机构开具的证书。

5.2.3 报价单

报价单也可以说是价格清单,是卖方提供给买方的报价,以便买方更加清晰地了解货物的价格、种类和数量等信息。尽管出口的货物种类繁多,但报价单的常规内容都是固定的,如表5-4所示。

表5-4 报价单常规内容

条款	主要内容
报价单头部	卖方基本资料:公司名称、详细地址、传真号码和邮箱地址等; 报价单抬头:报价单标题、报价日期和有效日期等
产品详细资料	产品的名称、型号、最小订单量、产品描述、原材料、规格和外观颜色等
产品技术参数	产品的使用寿命、用途和使用范围等
价格条款	贸易术语(FOB、CIF或CFR等)、装运港、目的港和货币种类等
数量条款	最小订单量、产品库存数量
支付条款	定金额度、支付方式(汇付、托收、议付信用证或远期支票等)
质量条款	对产品进行的质量监督、检测证明等
交货期条款	说明交货的期限,通常分为3种。 ①收到预付款后一个月之内交货; ②订单确认后一个月之内交货; ③确认样品后,生产前一个月之内交货

5.2.4 报关单

报关单全称为进出口货物报关单,是进出口货物收发货人或其代理人,根据海关的相关要求对进出口货物的实际情况作出书面说明。

报关单在对外经济贸易活动中具有重要的法律地位,它既是监管、征税、统计和调查的依据,核销、退税和外汇管理的凭证,还是海关处理走私、骗税和套汇等违法行为的证据。由于进出口货物的进出口方向、交易性质和海关监管的方式不同,报关单可以分为4种类型,如图5-9所示。

按进出口方向分类的进口货物报关单和出口货物报关单,是最常用到的报关单类型,进口货物报关单和出口货物报关单是相互独立的。图5-10所示为二者的单据具体式样。

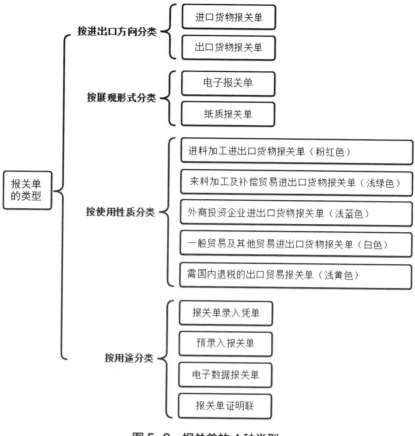

图 5-9 报关单的 4 种类型

按进出口方向分类的报关单式样 {
进口货物报关单为一式五联，分别为海关作业联、海关留存联、企业留存联、海关核销联和进口付汇证明联

出口货物报关单为一式六联，分别为海关作业联、海关留存联、企业留存联、海关核销联、出口收汇证明联和出口退税证明联
}

图 5-10 按进出口方向分类的报关单式样

5.2.5 汇票

汇票(Bill of Exchange, Draft)是由出票人签发，委托付款人在见票时或在指定日期无条件支付约定金额给收款人或者持票人的票据。汇票是一种使用广泛的信用结算工具，参与对象主要有 3 个，分别是出票人(Drawer)、受票人(Drawee/Payer)和

收款人(Payee)。

1. 汇票的类型

汇票的类型比较多样，具体可以按照付款人、附属单据和付款时间的不同分为 3 类，如图 5-11 所示。

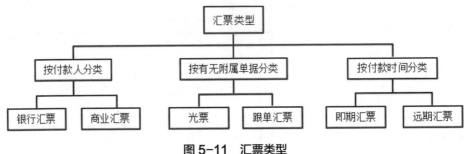

图 5-11　汇票类型

1) 银行汇票(Banker's Draft)

银行汇票由出票银行签发，是签发银行见票时必须无条件向持票人支付约定金额的票据，具有使用灵活、票随人到和兑现性强等特点，比较适合先收款后发货或钱货两清的交易。

2) 商业汇票(Commercial Draft)

商业汇票由出票人签发，付款期限最长不得超过半年(电子商业汇票可延长至 1 年)，与其他结算方式相比较，商业汇票的适用对象较少、使用范围较小。除此之外，商业汇票不仅可以由付款人签发，还可以由收款人签发，但都需要经过承兑。

3) 光票(Clean Bill)

光票又称商业净票、白票，是指不附带任何货运单据的汇票。光票的流通主要凭出票人、付款人或背书人的信用。光票在实际外贸交易中使用得比较少，通常在汇托收运费、保险费和样品费时使用。

4) 跟单汇票(Documentary Bill)

跟单汇票又称信用汇票、押汇汇票，是附带全套货运单据的汇票，一般包括提单、保险单、装箱单和商业发票等单据。跟单汇票可适用于跟单信用证和跟单托收项下的交易。

5) 即期汇票(Sight Draft/Sight Bill/Demand Bill)

即期汇票又称见票即付，是一种低风险和便捷的付款方式，适用于支付无急于结清账款的交易。即期汇票的票面上没有具体的到期日，持票人向付款人提供汇票，请求付款之时，即可视为到期。

6) 远期汇票(Time Bill/Usance Bill)

远期汇票是付款人在出票后的一定期限，或指定日期付款的汇票。付款日期大致可以分为5种，分别为付款人承兑后若干天付款、出票后若干天付款、提单日期后若干天付款、议付后若干天付款和指定日期付款。

2. 汇票的格式

根据相关法律规定，汇票的票面上必须有明确表明其性质的"汇票"字样，这样不仅可以与其他票据进行区分，还有利于持票人和付款人履行责任。图5-10所示为汇票主要条款的填写格式。

表5-5 汇票主要条款的填写格式

条款	填写格式
汇票号码	通常可以采用货物的发票号码
出票地点	通常为受益人(卖方)所在地
出票时间	可按信用证的Issue Date填写，也可留白让银行代填
小写金额	先填写货币符号，再填金额的阿拉伯数字，一般保留两位小数
收款人	通常填写托收行(交单银行)的名称
付款人	填写付款人(买方)的公司全称和公司详细地址

汇票是无条件支付的凭证，汇票上不应有任何附加的支付条件，否则将视为无效。按照我国《贸易法》的相关规定，汇票一经签发即具有法律效力，违规操作将会受到法律制裁。

5.2.6 发票

发票(Invoice)又可称为付款单，是单位或个人在购销商品或接受服务以及从事其他经营活动时，所开具的收付款凭证。发票不仅是交易核算的原始依据，还是审计机关和税务机关调查审核的重要依据。

外贸交易中的发票种类众多，通常应根据不同的用途开具不同类型的发票。外贸交易中常见的发票主要有6种，如表5-6所示。

表5-6 外贸交易的发票类型

类型	含义
商业发票 Commercial Invoice	卖方开具的带有货物名称、数量和价格等内容的清单，是买卖双方交接货物、结算货款和索赔理赔的重要单据，进口国凭此征收进口关税
形式发票 Proforma Invoice	形式发票又称为预开发票，卖方按买方的要求，将出口货物的名称、数量、规格、价格等信息，开具非正式的参考性发票，以便买方办理进口许可证等手续。形式发票对买卖双方没有最终约束力，当正式履行交易合同义务时，必须按照规定开具正式发票
样品发票 Sample Invoice	样品发票又称为小发票，是卖方为了向买方展示产品的品质、规格和费用等，在交易寄送样品时出具的清单，以便买方了解和选择产品

续表

类 型	含 义
厂商发票 Manufacturer's Invoice	由出口货物的生厂商出具，以本国货币为计价单位，以证明卖方国内的市场价格，并为买方海关提供估价、核税和征反倾销税之用
海关发票 Customs Invoice	由卖方应买方海关要求出具，大致内容与商业发票相似，其格式通常由买方海关统一定制并提供，主要用于买方海关统计、核实原产地和查核进口商品价格的构成等
领事发票 Consular Invoice	由买方根据买方领事馆规定的固定格式和内容填制并经领事签证的发票，是作为货物进口报关的重要凭据。有的国家不要求具体格式，而是要求领事在普通发票上签证，同样具有效力

由于国家规定、货物种类和发票类型的不同，发票的格式也不是统一和固定的。但发票的主要条款必须完整且正确，例如编号、日期、唛头、货物名称、规格、数量和金额等。

5.2.7 提单

提单(Bill of Lading，B/L)是承运人承运货物时签发给托运人的凭证，是双方明确责任和义务的依据。提单必须经过承运人或船舶公司签字后才能生效。收货人凭提单可以向货源目的地的运输部门提货。

1. 提单的类型

提单的种类比较丰富，按照不同的分类标准可以分为多种类型的提单，下面为大家介绍常见的几种提单，如表5-7所示。

表5-7 提单的类型

类 型	含 义
按货物是否已装运分类	已装船提单(Shipped B/L)：指货物装船后由承运人根据大副收据签发给托运人的提单，通常须注明装载货物的船舶名称和装船日期
	收货待运提单(Received for Shipment B/L)：又称备运提单和待运提单，是承运人收到托运人运输的货物但未装船，应托运人要求而签发的提单
按提单上有无批注分类	清洁提单(Clean B/L)：货物在装船时外表状况无异，承运人在签发提单时未加注任何有关货物残损、影响结汇的批注。买方若想收到完好无损的货物，应要求卖方在装船时保持货物良好的外观，并提供清洁提单
按提单上有无批注分类	不清洁提单(Unclean B/L)：货物在装船时，承运人若发现货物有残破、污渍或渗漏等现象，将记载在大副收据上，在正式签发提单时再转移至提单上

续表

类型	含义
按运输方式的不同分类	直达提单(Direct B/L)：货物从装运港装船后，中途无须转船，直接运至目的港交予收货人。若信用证中明确规定不能转船，卖方须开具直达提单才能结汇
	转船提单(Transshipment B/L)：货物起运后不直接驶往目的港，需要在中途换装其他船舶转运至目的港，转船提单须注明"转运"或"××港转船"等字样
	联运提单(Through B/L)：货物运输需使用两种或两种以上的运输工具，如海空联合运输，货物由船舶运输至港口，再经航空运输工具运送至目的港
	多式联运提单(Multimodal Transport B/L)：指货物需要经过两种以上的不同运输工具，其中一种必须是国际海上运输
按提单内容的繁简分类	全式提单(Long Form B/L)：提单背面印有关于承运人、托运人和收货人之间权利和义务，货运条款等详细事项
	简式提单(Short Form B/L)：提单正面与全式提单无异，背面仅用文字注明"全式提单所印条款同样可适用于本提单"

2. 提单的作用

提单一般由船舶公司或代理人签发，由于货物在运输途中受损的风险较大，因此不能直接凭提单提货，而是需要到进口地换取提货单提货。可以说，提单在货物运输的过程中具有重要作用，如图5-12所示。

```
                  ┌─ 货物装船收据：提单是承运人接管货物签发给托运人的装船收据
提单的作用 ───────┼─ 运输契约证明：提单是在货物装运后签发的，承运人与托运人之
                  │                间的权利义务关系以提单作为运输契约的证明
                  └─ 货物所有权证明：谁持有单据，谁就有权要求承运人交付货物
```

图 5-12 提单的作用

5.2.8 装箱单

装箱单(Packing List，P/L)列明了信用证或合同中交易双方约定的有关包装的事宜，例如产品的包装规格、材料和数量等，以便买方在货物到达目的港时供海关检查核对货物。

1. 装箱单详情

由于缮制装箱单的公司不同，其内容也会有所差异，但主要内容都包括包装单名称、编号、日期、唛头、货物名称、货物规格、货物数量、货物毛净重、包装单位、包装材料和包装规格等。下面为大家介绍装箱单的主要条款，帮助大家进一步了解装

箱单的构成。

(1) 出单人(Issuer)：填写卖方的名称与地址，若使用信用证支付，此项应与信用证受益人的名称和地址一致。

(2) 收单人(To)：填写买方的名称与地址，若使用信用证支付，此项应与信用证开证人的名称和地址一致。特殊情况下可以不填，或填写"To whom it may concern(致有关人)"。

(3) 发票号(Invoice NO.)：填写发票号码。

(4) 日期(Date)：填写装箱单的缮制日期，必须与发票日期一致，不能晚于提单日期和信用证的有效日期。

(5) 运输标志(Marks and Numbers)：又称为唛头，是出口货物包装上的装运标记与号码，必须符合信用证要求，与发票、提单内容一致。

(6) 包装的类型、数量和货物描述(Number and kind of packages, description of goods)：填写货物和包装的详细信息。

(7) 自由处理区：填写其他条款中不能或不便表达的内容。

2. 电子装箱单

随着对外贸易的不断发展，装箱单也升级进入了电子化阶段，使口岸信息化工作和口岸公共信息平台建设上升到了一个新阶段。相较于纸质装箱单来说，电子装箱单的优点主要体现在 4 个方面，如图 5-13 所示。

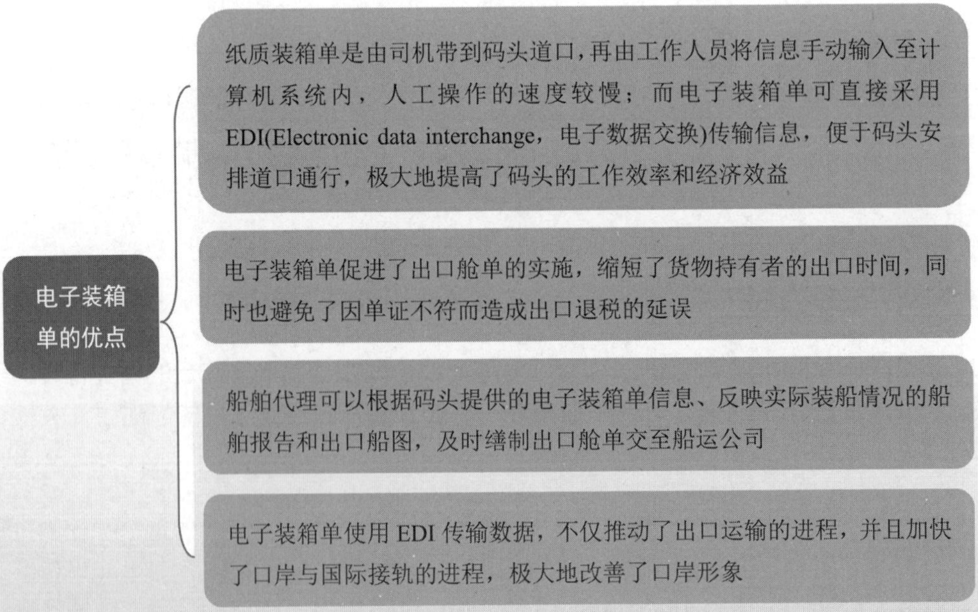

```
                    ┌─ 纸质装箱单是由司机带到码头道口,再由工作人员将信息手动输入至计
                    │  算机系统内，人工操作的速度较慢；而电子装箱单可直接采用
                    │  EDI(Electronic data interchange，电子数据交换)传输信息，便于码头安
                    │  排道口通行，极大地提高了码头的工作效率和经济效益
                    │
                    ├─ 电子装箱单促进了出口舱单的实施，缩短了货物持有者的出口时间，同
  电子装箱            │  时也避免了因单证不符而造成出口退税的延误
  单的优点            │
                    ├─ 船舶代理可以根据码头提供的电子装箱单信息、反映实际装船情况的船
                    │  舶报告和出口船图，及时缮制出口舱单交至船运公司
                    │
                    └─ 电子装箱单使用 EDI 传输数据，不仅推动了出口运输的进程，并且加快
                       了口岸与国际接轨的进程，极大地改善了口岸形象
```

图 5-13　电子装箱单的优点

5.2.9 保险单

保险单(Insurance Policy)又称为保单,是投保人与保险人签订保险合同的书面证明。根据我国《保险法》的规定,当投保人与保险人就合同条款协商一致后,保险合同即视为成立,不取决于是否签发保险单。

1. 保险的种类

按照货物的不同运输方式,对外货运保险大致可以分为4种,分别为海洋运输保险、陆上运输保险、航空运输保险和有包运输保险。由于运输方式的不同,运输保险承担的责任范围也有所不同。

1) 海洋运输保险(Maritime Transportation Insurance)

海洋运输保险按保险责任范围划分,可以分为一切险、水渍险和平安险。其中一切险的责任范围最大,需要承担包括偷窃、短少等一切外部因素造成的货物损失(战争和罢工等危险除外)。水渍险和平安险的责任范围大致相同,不同之处在于水渍险需要承担海上自然灾害和意外事故所造成的部分损失。

这三种险别承保的自然灾害包括货物在海上运输遭遇的雷电、海啸等恶劣气候,在陆地运输遭遇的地震、泥石流等自然灾害;意外事故包括船舶搁浅、触礁、沉没、撞击和爆炸等。

2) 陆上运输保险(Overland Transportation Insurance)

陆上运输保险主要以汽车和火车为运输工具,按保险类型可分为两类,分别为陆运险和陆运综合险,如图5-14所示。

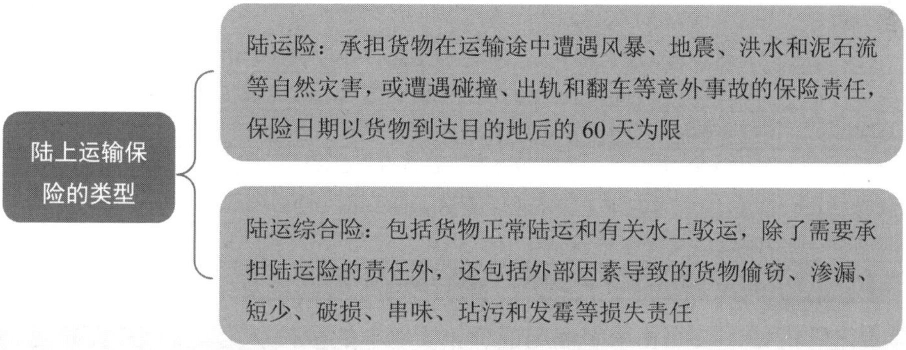

陆上运输保险的类型
- 陆运险:承担货物在运输途中遭遇风暴、地震、洪水和泥石流等自然灾害,或遭遇碰撞、出轨和翻车等意外事故的保险责任,保险日期以货物到达目的地后的60天为限
- 陆运综合险:包括货物正常陆运和有关水上驳运,除了需要承担陆运险的责任外,还包括外部因素导致的货物偷窃、渗漏、短少、破损、串味、玷污和发霉等损失责任

图5-14 陆上运输保险的类型

3) 航空运输保险(Air Transportation Insurance)

航空运输保险的险别分为航空运输险和航运运输一切险两种,保险的索赔时效从被保险货物在最后卸载地卸离飞机后计算,最多不超过两年。

航空运输险需承担货物在运输途中遭遇雷电、爆炸或飞机碰撞、坠毁等事故所造成的损失的保险责任；航空运输一切险除了需要承担航空运输险的责任外，还包括所有外部因素造成的货物损失责任。

4) 邮包运输保险(Parcel Post Insurance)

邮包运输保险需承保邮包通过海、陆、空3种运输工具在运输途中由于自然灾害、意外事故或外来原因所造成的包裹内物件损失的保险责任。

根据我国相关法律规定，邮包运输保险的险别分为邮包险和邮包一切险。邮包险与海洋运输货物保险水渍险的责任相似，而邮包一切险与海洋运输货物保险一切险的责任基本相同。

2. 保险单详情

保险公司正式履行保险合同时，以投保人在保险单上填报的内容为准。因此，正确填报保险单是十分重要的，双方必须完整且准确地订立合同履行的权利与义务。表5-8所示为保险单的具体内容。

表5-8 保险单的具体内容

项目	内容
保险公司名称	按照合同和信用证的要求，到相应保险公司办理保险单据
被保险人	若信用证与合同没有特殊规定，通常填写信用证受益人(卖方)公司名称
唛头标记	填制装船的唛头，唛头标记应与提单所记载的一致
包装及数量	填写货物的具体包装和数量，信息应与提单所记载的一致
保险货物项目	填写货物的具体名称，名称应与提单所记载的一致
保险金额	根据信用证与合同的要求填制，一般按照发票金额加成10%填写
总保险金额	以大写的形式填写保险金额与计价货币的全称
运输工具	填写运输船舶名称，如需转运或联运，应注明转运信息和联运方式
起止地点	填写货物实际的起运港和目的港，如需转船，应填写转船地点
承保险别	按照信用证与合同中的保险条款要求填写
赔付地点	按照信用证与合同中要求填写，若没有明确规定，通常可将目的地作为赔付地点
投保日期	填写的日期应在装运货物的船舶起运之前
投保地点	通常填写货物的装运港
特殊条款	信用证和合同中对保险单据的特殊要求

需要注意的是，按照《跟单信用证统一惯例》的相关规定，保险单正本上必有带有"ORIGINAL"的字样。

5.2.10 检验证书

检验证书(Certificate of Inspection)是商检机构对进出口货物进行检验或鉴定后出具的书面证明。按照我国相关法律规定，凡是需要通过商检机构检验合格才能出口的商品，外贸人员最晚必须在报关或装运前 7 天申请报检。

1. 检验证书的作用

检验证书不仅是卖方向银行办理议付的重要单据之一，还是验证卖方所交货物是否符合合同规定的凭据，当交易完成进入索赔阶段时，检验证书也会起到重要作用，如图 5-15 所示。

商检证书关系到有关各方的经济责任和权益，其作用表现为：
1. 作为卖方所交付货物的品质、重量、数量、包装及卫生条件等是否符合合同规定的依据。
2. 作为买方对品质、数量、重量、包装等提出异议、拒收货物、要求赔偿的凭证。
3. 作为卖方向银行议付货款的单据之一。
4. 作为出口国和进口国海关验放的有效证件。
5. 作为证明货物在装卸、运输中实际状况、明确责任归属的依据。

商品检验证书起着公正证明的作用，是买卖双方交接货物、结算货款和处理索赔、理赔的主要依据，也是通关纳税、结算运费的有效凭证。

图 5-15　检验证书的作用

2. 检验证书的类型

出口货物的检验包括品质检验、安全卫生检验、数量检验和重量检验等，由于检验内容不同，发放的检验证书也有所不同。一般来说，出口货物常见的检验证书有 7 种，如图 5-16 所示。

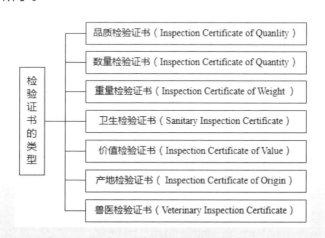

图 5-16　检验证书的类型

3. 需要检验的商品

检验证书明确规定了进出口商品的检测范围，根据上述检验证书的 7 种类型，再对法定检验的范围进行总结和分析，可以将需要检验的商品分为 6 项，具体如下所述。

(1) 动植物产品。

(2) 属于海关部门列出《出入境检验检疫机构实施检验检疫的进出境商品目录表》的所有出口商品。

(3) 与健康饮食有关，容易腐烂变质的食品、冷冻品。

(4) 对他人生命或财产可能带来危险的产品。

(5) 国际贸易条约、信用证规定必须经检验检疫机构检验后才能出口的产品。

(6) 其他法律、行政法规规定必须经检验检疫机构检验后才能出口的产品。

需要注意的是，对于那些检验检疫周期较长的产品，外贸人员应留有更多的检验时间，只有检验合格、获得检验证书的产品才能装运出口。

专家提醒

货物必须在获得检验证书后的 60 天内运出，超过期限应重新向检验检疫机构报检，并交回原来签发的所有检验证书和放行单。

第 6 章

商品管理：让外贸创造出更多价值

学前提示　商品管理是把控商品质量的关键工作，品牌文化日益深入人心，人们在购买商品时，通常会查看其名称、包装和品牌等信息，想要让外贸创造出更多价值，外贸企业就需要做好商品管理工作。

本章将主要介绍商品管理的方法、出口贸易的注意事项，以及办理保险，为货物减少风险的具体内容，帮助大家进一步提升外贸技能。

要点展示

▶ 做好出口商品管理

▶ 出口贸易注意事项

▶ 办理保险减少风险

6.1 做好出口商品管理

外贸是与外国人做生意，出口的商品不仅体现了企业形象，还会在一定程度上影响我国的国际形象。因此，外贸企业必须做好出口商品的管理，例如商品的名称、包装、规格和质量等，只有提高商品的核心竞争力，才能顺利地打入国际市场。

6.1.1 出口商品的命名

独特、合适的商品名称能够更好地区别于其他产品，尤其是对于出口商品来说，国外客户不太熟悉中文名称和其含义，所以出口商品的名称需要简洁、直接、易记和便于客户理解。

1. 商品命名的原则

国际权威营销战略专家曾表示"名字是信息和人脑之间的第一个接触点"，由此可见，商品名称的好坏会直接影响到客户第一印象。商品名称并不只是一个简单的代号，好的名称具有深远的意义，不仅能够体现企业的良好形象，还能加深客户对商品的印象，下面为大家介绍一个为商品命名的成功案例。

【案例分析】

> 可口可乐(Coca-Cola)是世界著名的汽水饮料，名称来源于可口可乐中含有古柯叶(Coke)和可乐果(Cola)的提炼元素，且"Coke"的发音类似于可口可乐嘶嘶起泡的声音。"可口"能让人们感受到这种饮料的美妙滋味，"可乐"不仅突出了饮料带给人们的心理感受，又与品牌"畅爽、欢乐"的宣传语不谋而合。可以说，可口可乐是商业史上相当成功的取名案例。

由于各国之间的文化差异，企业在为商品命名时，需要充分考虑消费者所在国和地区的风俗文化，避免触犯禁忌。例如，物美价廉的"山羊"牌肥皂，出口至英国却遭到冷遇，因为山羊在英国被喻为"不正经的男子"。

 专家提醒

外贸企业在给出口商品命名时，需要充分考察消费群体的文化背景、宗教信仰和当地习俗等因素，注意文化差异带给商品名称的影响。

2. 商品命名的方法

商品名称是一把打开国际市场的金钥匙。那么，对于企业或生产厂家来说，究竟该如何为商品命名呢？具体来说，商品命名的方法有以下 7 个方面，如图 6-1 所示。

第6章 商品管理：让外贸创造出更多价值

```
                    ┌─ 结合商品的主要效用，能够使消费者快速了解商品的功效 ── 这种命名方法多用于化妆品和医药品，例如"××护手霜"和"××防晒霜"等，这种开门见山的命名方式迎合了消费者追求实用的消费心理
                    │
                    ├─ 结合商品的主要成分，让消费者从名称了解商品构成原料 ── 例如"××珍珠面膜"，消费者可从名称上得知商品的原料里含有美白养颜的珍珠粉。这些商品强调货真价实或突出某种名贵的原料，这些卖点都能吸引消费者的注意力
                    │
                    ├─ 结合商品的外观色彩，能够具化、突出商品的造型或特点 ── 这种命名方式多用于工艺品或食品类商品，例如"佛手酥""猫耳朵"和"黑巧克力"等。想要让消费者从名称联想到商品实体，增加对商品的印象和记忆点，需要注意商品名称和形象的统一
商品的命名方法 ──┤
                    ├─ 结合商品的制造工艺，适合具有独特制作工艺或研制过程具有意义的商品 ── 如酒质醇厚的"二锅头"。该酒在制作时需要经过两次换水蒸酒，并且只取用第二锅酒液的中段，消费者能通过名称就了解到"二锅头"不同寻常的酿制工艺
                    │
                    ├─ 结合商品的生产产地，适合具有悠久历史的商品 ── 冠以产地名称能够突出别样的地域风情和特点，例如"贵州茅台""云南白药"和"青岛啤酒"等。这种命名方式不仅能让消费者感受到地域文化，产生亲切感，还能增加商品的知名度
                    │
                    ├─ 以商品创造者命名，能够引起消费者丰富的联想和敬慕之情 ── 例如"李宁运动服""戴尔电脑"和"福特汽车"等。以发明创造者的名字为商品命名，不仅能够体现品牌悠久的文化历史，还能表明商品出自名门、正宗，增强消费者的信任度
                    │
                    └─ 以美好的寓意命名 ── 一些商品的命名迎合了人们盼美好、图吉利的心理，例如"吉利汽车"和"老凤祥银楼"等
```

图 6-1　商品的命名方法

3. 商品名称必须一致

在实际的外贸交易中，买卖双方对于交易的商品必须有详细的描述，尤其是商品名称，在合同、信用证和其他单据中都必须保持一致。若卖方交付的商品不符合规定的品名或描述，则需要承担相应责任。

【案例分析】

> 主营食品进出口业务的 A 公司向俄罗斯 E 公司出口一批油辣椒，A 公司的外贸人员在所有单据上将商品名称填写为"Fried Pepper Sauce"，而 E 公司开立的信用证上登记的商品名称为"Preserved Chili"。A 公司的外贸人员在发现商品名称不一致的情况后，没有及时通知 E 公司进行更改。最终，商品由于名称不一致遭到海关的扣留和罚款，E 公司要求 A 公司赔偿其罚款和其他损失。

由于外贸商品是销往国外，所以常出现商品名称不一致的现象，外贸人员必须仔细核对，发现问题及时与对方沟通并进行更改。下面介绍填写商品名称时，需要把握的一些注意事项，如图 6-2 所示。

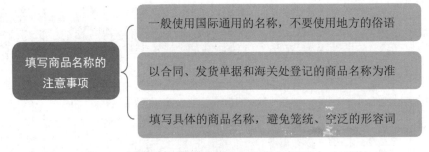

图 6-2 填写商品名称的注意事项

6.1.2 出口商品的包装

在国际市场竞争越发激烈的情况下，很多商家都把改进商品包装作为加强销售的重要方式之一。优质的包装不仅能够起到保护商品的作用，还能美化商品，吸引消费者的注意力。

经过精心包装的商品更利于进行搬运、运输、装卸、储存和保管等操作，并且不易丢失或被盗窃。商品包装主要有保护商品、方便运输、促进销售和提高商品价值的作用。

【案例分析】

> A 公司向新加坡×公司出口一批猪肉脯，规定使用纸箱装运，每箱 30 小盒，每小盒 1kg，共计每箱 30kg。但由于包装材料短缺，A 公司擅自将包装更改为每箱 40

小盒，每小盒0.75kg，每箱总重量不变。

最终，×公司收到货后，以包装与合同规定不符为由拒绝收货，而A公司认为商品数量符合要求，×公司应交付货款。

根据《联合国国际货物销售合同公约》的相关规定，卖方交付的商品必须与合同规定的数量、质量和规格一致，并按照合同规定的要求装箱或包装。因此，A公司违反了合同的包装条款，应承担相应的责任。

一般来说，出口商品的包装可分为两类，分别是运输包装和销售包装，具体内容如下所述。

1. 运输包装(Transport Package)

运输包装又称为外包装、大包装，是为了保护商品，便于商品运输和储存而进行的外层包装。一般来说，运输包装可按照包装方式、包装材料和包装层次进行分类，如图6-3所示。

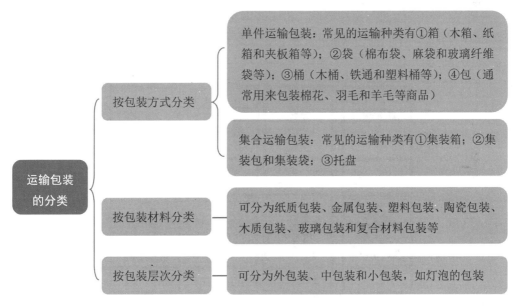

图6-3 运输包装的分类

为了方便商品的交接，防止错发、错运或错领商品，以及利于海关部门依法对商品进行检查等，通常会在商品的外包装刷写标志。按照标志的不同作用和用途，通常可分为运输标志、指示性标志和警告性标志等。

1) 运输标志(Marks and Numbers)

运输标志又称为唛头(Shipping Mark)，一般是由简单的图形、英文字母或数字组成，目的是为了让有关人员快速辨认商品，使商品顺利装卸、运输和保管。唛头又分为正唛和侧唛，正唛一般为商品品牌、商品名称、商品型号和运输目的地等；而侧唛通常为商品尺寸、毛重和净重等，用于买方收货拆柜后辨认商品。图6-4所示为运输标志示意图。

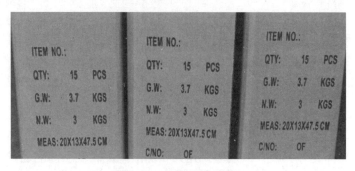

图6-4　运输标志示意图

2)　指示性标志(Indicative Mark)

指示性标志是根据商品的特性，对一些容易破损或变质的商品进行标记，在搬运装卸操作和存放保管条件方面提出要求和注意事项。通常是使用图形或文字进行标示，例如"怕湿""小心轻放"和"向上"等，如图6-5所示。

图6-5　指示性标志示意图

3)　警告性标志(Warning Mark)

警告性标志又称危险品标志(Dangerous Cargo Mark)，若商品属于爆炸品、易燃物品、腐蚀物品和放射物质等危险品，则应该在运输包装上用图形或文字标明各种危险品的标志，如图6-6所示。

图 6-6 警告性标志示意图

警告性标志是为了警告有关装卸、运输和保管人员按商品特性采取相应的措施，以保障人身和物资的安全。

专家提醒

在对商品进行包装时，必须事先了解出口国法律对包装的相关规定，例如一些国家禁止使用柳藤、稻草之类的材料包装商品，以免将病虫害带进该国。除此之外，若买方对于运输包装有特殊要求，卖方也应设法满足。

2. 销售包装(Sales Package)

销售包装又称为内包装、小包装，是直接接触商品并随着商品进入零售网点和直面消费者、用户的包装。销售包装的目的主要有 4 个，分别是便于陈列展销、便于识别商品、便于携带使用和增加销售额度。

销售包装上应带有必要的文字说明，例如说明商品的名称、商标、产地、规格、数量、成分、用途和使用方法等。销售包装的说明文字必须简洁明了，以消费者便于理解为基础，必要时可采用双语表达。

6.1.3 确定商品的规格

商品规格(Product Specifications)具体是指商品的体积、大小和型号，并以此进行商品识别。买卖双方在签订交易合同时，对商品的具体规格已经作出了明确规定，卖方应严格按照合同规定交货，不要多交也不能少交，更不能擅自更改。

卖方若违反合同规定，交货数量少于规定数量时，则需要在交货期内补交缺漏的商品；交货数量多于规定数量时，买方可以接收商品也可以选择拒收。接受商品需要按合同价付款，拒收商品而产生的一切费用由卖方承担。一般来说，确定商品规格可以从 3 个方面出发，如图 6-7 所示。

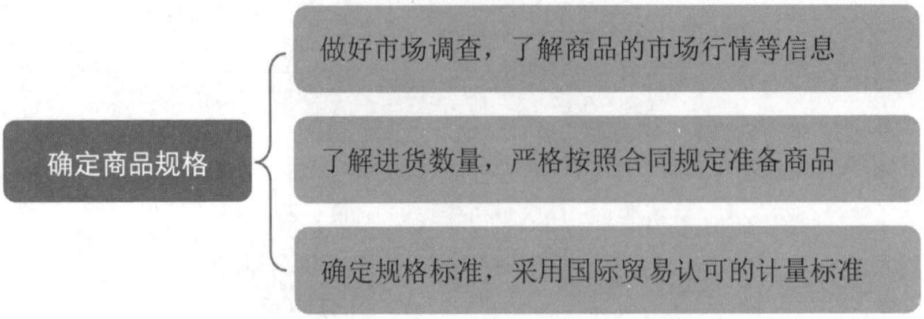

```
                    ┌─ 做好市场调查，了解商品的市场行情等信息
                    │
  确定商品规格 ──────┼─ 了解进货数量，严格按照合同规定准备商品
                    │
                    └─ 确定规格标准，采用国际贸易认可的计量标准
```

图 6-7　确定商品规格

6.1.4　保证商品的质量

商品质量(Commodity Quality)是衡量商品使用价值的尺度，质量越好的商品，价值也就越大，也更容易被消费者接受。在实际的外贸交易中，买卖双方也会在合同上明确规定商品的质量要求。

1. 检查商品的质量

面对种类繁多的商品，该如何检查商品的质量呢？通常来说，可以使用两种方法检查商品质量，这两种方法分别是按照样品检查和按照说明书检查。

1）按照样品检查

样品是卖方在供货前向买方展示商品品质的少量实际商品，样品不仅可以直接反映出商品的真实品质，还能作为商品的交付标准。

2）按照说明书检查

按照说明书检查是向消费者展示商品的规格、等级、图样和文字等信息，让消费者通过实物以外的方式了解商品的质量。

2. 商品质量的体现

一般来说，商品的质量综合体现在 4 个方面，分别为内在质量、外观质量、社会质量和经济质量，如图 6-8 所示。

拥有高质量的商品不仅是高价值的标志，还是卖方商业信誉的保证。在市场竞争十分激烈的市场上，商品质量对达成交易具有非常重要的作用，保证商品质量是交易的基本前提。

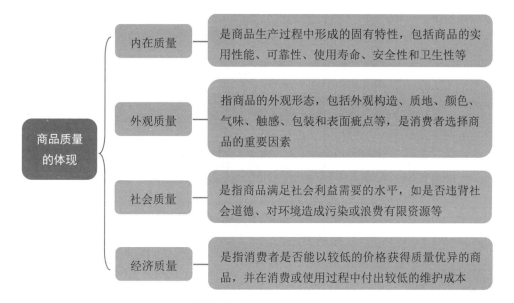

图 6-8　商品质量的体现

6.2　出口贸易注意事项

出口贸易是与其他国家的商人进行交易，从未接触这类交易的外贸新手就需要注意一些特别事项。本节将为大家介绍核算出口成本和降低外贸佣金的具体内容，以帮助各位外贸新手避开雷点。

6.2.1　核算出口成本

出口成本是指从接单开始到商品交付至买方手中，所有环节所产生的人力、物力以及其他费用和开支。其中还包括很多附加费用，如商品运输至口岸或码头的运输费、管理费和包装费等。

1. 出口成本的主要费用

在实际的外贸交易中，商品的出口成本越低，卖方获得的利润就越高。但由于出口贸易的交易环节比较繁杂，各种隐形费用叠加起来，对卖方来说就是一笔巨大的开支。因此，控制和核算出口成本是每一家企业都必须重视的工作。图 6-9 所示为出口贸易的主要成本费用。

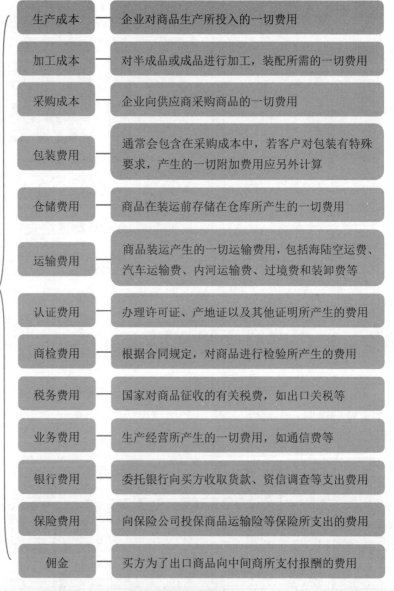

图 6-9　出口贸易的主要成本费用

2. 计算出口成本的方法

在实际的外贸交易中，合同的成交价格是以商品的出口成本为基础的，无论是离岸价、到岸价或其他价格，都需要按照合同价格付款。图 6-10 所示为商品出口成本的计算公式。

计算公式

1. 出口商品总成本（退税后）=出口商品购进价格（含增值税）+定额费用－出口退税收入

2. 定额费用：出口商品购进价格×费用定额率（5%～10%不等，由各外贸公司按不同的出口商品实际经验情况自行核定。定额费用一般包括银行利息、通信费用、交通费用、仓储费用、码头费用以及其他的管理费用）

3. 退税收入=出口商品购进价（含增值税）÷（1+增值税率）×退税率
   出口盈亏额=（FOB出口外汇净收入×银行外汇买入价）－出口商品总成本（退税后）

图 6-10　商品出口成本的计算公式

6.2.2　降低外贸佣金

佣金(Commission)是商业活动中的一种劳务报酬，指具有独立地位和经营权的中间人为委托人介绍生意或提供服务而取得的酬金。佣金通常使用英文缩写字母 C 表示，例如每公吨 6257 美元 CFR 旧金山包含佣金 3%，可写成：每公吨 6257 美元 CFR C3 旧金山，其中的"C3"即表示佣金率为 3%。

1. 佣金的具体类型

在实际的外贸交易中，佣金也是构成商品价格的重要部分，会对商品实际价格产生影响，并关系到买卖双方以及第三方的实际利益。因此，佣金是双方洽谈商品价格的一项重要内容。佣金的类型主要可以分为 3 种，分别是明佣、暗佣和累计佣金，具体内容如下所述。

1）明佣

明佣是指在合同的价格条款中明确规定了佣金率，也是中间人与委托人进行佣金结算的依据，明佣根据成交的价格会在出口发票上注明内扣佣金。

需要注意的是，佣金的付款人可以是买方也可以是卖方，其取决于中间人为谁服务。如果是卖方委托中间人推销商品，佣金则由卖方支付，即卖方收到货款后另行支付给中间人。若是买方委托中间人采购商品，佣金则由买方支付，在买方支付货款时直接扣除支付给中间人。

2）暗佣

暗佣又称为票外佣金，是指不在出口发票上列明，而在买卖合同中规定佣金率所支付的佣金。暗佣的支付方法有议付佣金和汇付佣金两种，如图 6-11 所示。

3）累计佣金

累计佣金是指卖方以一定时期内累计的销售额向中间人支付相应酬金，目的是为了激励中间人推销更多的商品。商品的销售额越大，佣金率越高，若销售中带有折扣，应当减去折扣计算佣金。

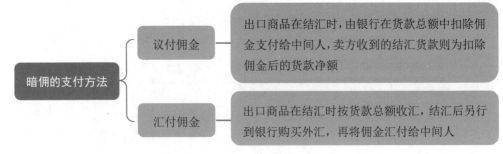

图 6-11 暗佣的支付方法

2. 佣金的计算方法

佣金支出是外贸交易中的一笔重要开支，尤其当交易量较大时，佣金会直接影响买卖双方的经济利益。计算佣金的方法主要有 3 种，具体如下所述。

1) 按照成交价格计算

按照成交价格计算佣金，也就是按照发票金额计算佣金。我国的出口贸易大多按 CIF(成本＋保险费＋运费)或 CFR(成本＋运费)价格条款成交，运费和保险费都列入佣金范围内，能够防止佣金过多而导致利润损失的情况。

【计算公式】

佣金＝成交价格×佣金率。
若某公司出口一批货物，报价为每公吨 700 美元，客户改报为 CIF C5% Seattle(西雅图)，即可算出佣金＝700×5%＝35 美元/公吨。

2) 按 FOB(离岸价)价格计算

运费和保险费均不应列入佣金范围内，交易若以 CIF 或 CFR 价格条款成交，则应减去这部分费用。

【计算公式】

①佣金＝(CIF－运费－保险费)×佣金率＝CIF×(1－运费－保费率)×佣金率；
②佣金＝(CFR－运费)×佣金率＝CRF×(1－保费率)×佣金率。

以上述案例为例，若运费为发票金额的 20%，保险费为保险金额的 4%，则可算出佣金＝700×(1－20%－4%)×5%＝26.6 美元/公吨，与按成交价格计算的佣金数相比减少了 8.4 美元/公吨。

3) 计算累计佣金的价格

累计佣金的价格计算方式又分为两种，分别为全额累计计算和超额累计计算。全额累计计算是按一定时期内，销售金额所达到的佣金等级全额计算；超额累计计算则是根据各等级的超额部分，分别用各等级的佣金率计算，最后累加各级佣金的金额。

【计算公式】

某出口公司在代理协议中规定，发货量与佣金分为 3 个级别，分别是一级 200 万元以上，佣金为 3%；二级 100~200 万元，佣金为 2%；三级 100 万元以下，佣金为 1%。某代理人销售总额为 240 万元，按全额累计和超额累计计算的佣金如下。

① 全额累计 = 销售总额 × 佣金率 = 240 × 3% = 7.2 万元。

② 超额累计 = 100 × 1% + (200 - 100) × 2% + (240 - 200) × 3% = 4.2 万元。

按照超额累计计算的佣金比按全额累计计算的佣金足足少了 3 万元，由此可见，外贸企业需要选择合适的计算方法。

3. 支付佣金的注意事项

很多交易都会在佣金的问题上产生纠纷，为了避免不必要的麻烦，买卖双方应严格履行合同的各项条款。图 6-12 所示为支付佣金的注意事项。

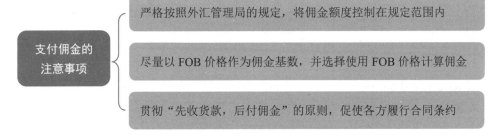

图 6-12 支付佣金的注意事项

6.3 办理保险减少风险

货物在运输途中容易遭受各种风险和损失，买卖双方在签订合同时应对保险条款作出明确规定，并按照保险条款的规定为货物办理保险。一旦货物受损，则需要进行理赔，保险能承担大部分的赔偿责任。因此，为货物办理保险能够减少风险，本节将为大家介绍办理保险的相关事项。

6.3.1 准备相关单证资料

根据不同贸易术语的要求，办理保险的责任方也有所不同。若使用 FOB 或 CFR 价格条款进行交易，买方应及时办理保险；若使用 CIF 价格条款交易，保险则应由卖方办理。如图 6-13 所示，为办理保险应准备的相关单证资料。

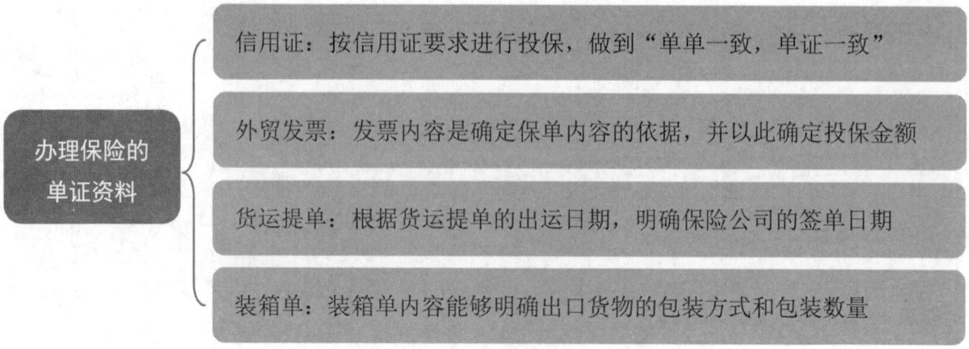

```
┌─────────────┬─ 信用证：按信用证要求进行投保，做到"单单一致，单证一致"
│             │
│             ├─ 外贸发票：发票内容是确定保单内容的依据，并以此确定投保金额
│ 办理保险的  │
│ 单证资料    ├─ 货运提单：根据货运提单的出运日期，明确保险公司的签单日期
│             │
│             └─ 装箱单：装箱单内容能够明确出口货物的包装方式和包装数量
```

图 6-13 办理保险的单证资料

6.3.2 计算保险金额费用

外贸人员在计算保险金额费用时，主要需要计算两项内容：一是保险金额，保险金额是投保人对出口货物的实际投保金额；二是保险费，保险费是投保人应缴纳的相关费用。

1. 保险金额

根据国际贸易惯例，出口货物的保险金额一般按照 CIF 价格条款加成 10% 计算。增加的 10% 被称为保险加成，是投保人进行交易所支付的费用和预期利润。

【计算公式】

保险金额 = CIF × (1 + 加成率)。
换算成 CFR 价格计算，则 CFR = CIF × [1 − 保险费率 × (1 + 加成率)]。

2. 保险费

投保人按照规定及时缴纳保险费是保险合同生效的基本条件，计算保险费首先需要确定保险费率。保险公司确定保险费率需要参考一定时期、不同种类货物的赔付率和不同险别等因素。

【计算公式】

保险费 = 保险金额 × 保险费率。
若按 CIF 加成投保，则保险费 = CIF × (1 + 投保加成率) × 保险费率。

专家提醒

若买方要求将保险加成提高至 20% 或 30%，产生的保费差额应由买方承担；超过 30% 时，则需要征得保险公司的同意。

6.3.3 选择投保形式和险别

外贸人员应按照合同规定，以合适的形式为货物投保要求的险别。若合同中没有明确规定，则应该按照常规或类似情况进行投保。下面就为大家介绍如何选择投保形式和投保险别，帮助大家加深对保险的了解。

1. 选择投保形式

外贸人员为货物投保的形式主要有 3 种，分别为预约保险、逐笔投保和联合凭证，如图 6-14 所示。

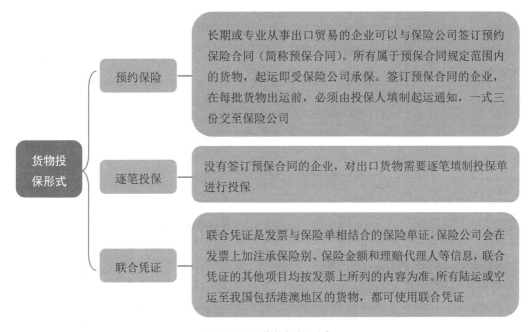

图 6-14　货物投保形式

2. 选择保险险别

由于各种货物的性质或特点不同，投保险别在运输时即使遭遇同一风险事故，所致的损失后果往往也不相同。因此，投保人在投保时应充分考虑货物的性质和特点，选择合适的险别。按照投保的惯例，主要可以将各种险别分为基本险和附加险。

1) 基本险

基本险主要包含了 3 种险别，分别是水渍险、平安险和一切险，具体内容如下所述。

(1) 平安险(Free of Particular Average，简称 FPA)。平安险又称为单独海损不赔险，"C 险"则代表平安险。平安险是海上运输保险中责任范围最小的一种险别，保险人需要承担货物全部损失和特定意外事故部分损失的赔偿责任。图 6-15 所示为基本险的责任范围。

责任范围

1. 被保险货物在运输途中由于恶劣气候、雷电、海啸、地震、洪水自然灾害造成整批货物的全部损失或推定全损。
2. 由于运输工具遭搁浅、触礁、沉没、互撞，与流域其他物体碰撞以及失火、爆炸等意外事故造成被保险货物的全部或部分损失。
3. 只要运输工具曾经发生搁浅、触礁、沉没、焚毁等意外事故，不论这个意外事故发生之前或者以后曾在海上遭恶劣气候、雷电、海啸等自然灾害所造成的被保险货物的部分损失。
4. 在装卸转船过程中，被保险货物一件或数件落海所造成的全部损失或部分损失。
5. 运输工具遭受自然灾害或意外事故，在避难港卸货所引起被保险货物的全部损失或部分损失。
6. 运输工具遭受自然或灾害或意外事故，需要在中途的港口或者在避难港口停靠，因而引起的卸货、装货、存仓以及运送货物所产生的特别费用。
7. 发生共同海损所引起的牺牲、公摊费和救助费用。
8. 运输合同中订有"船舶互撞责任"条款，根据该条款规定应由货方偿还船方的损失。

图 6-15 基本险的责任范围

（2）水渍险(With Particular Average/ With Average，简称 WPA 或 WA)。水渍险又称为单独海损险，除了需要承担平安险的各项责任外，还包括被保险货物由于恶劣气候、雷电、海啸、地震和洪水等自然灾害造成的部分损失。水渍险的责任范围大于平安险，需要承担自然灾害造成的部分损失。

（3）一切险(All Risks)。一切险又称为综合险，除了需要承担平安险和水渍险的全部责任外，还需要承担被保险货物在运输途中因各种外界因素造成的全部和部分损失的赔偿责任，但一切险并不意味着承保一切损失。

2）附加险

附加险可以分为两种，分别为一般附加险和特殊附加险。一般附加险包括 11 种险别，包括在一切险的承保范围内；特殊附加险包括 8 种险别，不包括在一切险的承保范围内。

（1）一般附加险(General Additional Risk)。一般附加险又称为普通附加险，该险别不能单独投保，须投保了平安险和水渍险后进行加保(一切险包含了一般附加险的内容)。如图 6-16 所示，为一般附加险包括的 11 种险别。

（2）特殊附加险(Special Additional Risk)。特殊附加险不包括在一切险的承保范围内，投保人即使投保了一切险，仍然需要与保险公司特别约定，才能将特殊附加险的责任包括在承保范围内。图 6-17 所示为特殊附加险包括的 8 种险别。

险种	承保范围
偷窃、提货不着险	承保货物因被偷窃，以及被保险货物运抵目的地后整件未交的损失
淡水雨淋险	承保货物在运输途中遭受雨水、淡水以及雪溶水浸淋造成的损失，包括船上淡水舱、水管漏水以及舱汗所造成的货物损失
渗漏险	承保流质、半流质、油类货物在运输途中因容器损坏而引起的渗漏损失，或用液体储藏的货物因液体渗漏而引起的腐烂变质造成的损失
短量险	承保货物因外包装破裂或散装货物发生数量损失和实际重量短缺的损失，但不包括正常运输途中的自然损耗
混杂、沾污险	承保货物在运输过程中因混进杂质或被沾污，影响货物质量所造成的损失
碰损、破碎险	承保金属、木质等货物因震动、碰撞、挤压而造成货物本身的损失，或易碎性货物在运输途中由于装卸野蛮、粗鲁、运输工具的颠簸所造成货物本身的破裂、断碎的损失
串味险	承保食用物品（如食品、粮食、茶叶、中药材、香料）、化妆品原料等因受其他物品的影响而引起的串味损失
受潮受热险	承保货物因气温突然变化或由于船上通风设备失灵致使船舱内水气凝结、受潮或受热所造成的损失
钩损险	承保货物（一般是袋装、箱装或捆装货物）在运输过程中使用手钩、吊钩装卸，致使包装破裂或直接钩破货物所造成的损失及其对包装进行修理或调换所支出的费用
包装破裂险	承保货物在运输过程中因搬运或装卸不慎造成包装破裂所引起的损失，以及因继续运输安全的需要修补或调换包装所支出的费用
锈损险	承保货物在运输过程中由于生锈而造成的损失。但生锈必须是在保险期内发生的，如原装船时就已生锈，保险公司不负责

（一般附加险的险别）

图 6-16 一般附加险的险别

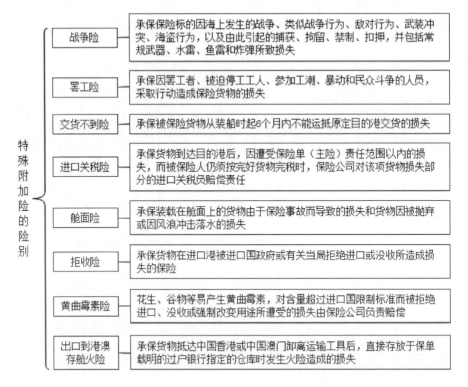

图 6-17　特殊附加险的险别

6.3.4　拟定合同保险条款

我国的货运保险条款一般以中国人民保险公司实施的"货物运输保险条款"为准，如果客户有特殊要求，也可以按照伦敦保险协会的"协会货物条款"为依据。无论最终决定使用哪种条款，外贸人员都需要了解条款的相关规定，尽最大可能保证自身利益。

保险条款需要买卖双方协商一致后明列在合同中，下面就为大家介绍保险条款的主要内容和拟写保险条款的方法。

1. 保险条款的主要内容

保险条款是买卖双方协商一致，明确权利与义务的条文，也是保险人对承保的保险标的履行保险责任的依据。虽然不同货物的种类和性质有差异，但合同中的保险条款都主要包含 4 部分内容，如图 6-18 所示。

```
┌─────────────┐   ┌─────────────────────────────────────────────────────┐
│             │──│ 保险责任：明确保险投保人和保险费承担人等具体责任划分 │
│  保险条款的 │   ├─────────────────────────────────────────────────────┤
│  主要内容   │──│ 保险金额：明确投保的具体金额，保证货物受损能获得足额保障 │
│             │   ├─────────────────────────────────────────────────────┤
│             │──│ 保险险别：明确货物投保的具体险别，根据货物性质慎重选择 │
│             │   ├─────────────────────────────────────────────────────┤
│             │──│ 适用条款：选择相应保险公司的适用条款，保险人按条款接受承保 │
└─────────────┘   └─────────────────────────────────────────────────────┘
```

图 6-18　保险条款的主要内容

2. 拟写保险条款的方法

保险条款根据贸易术语的不同，其适用范围和保险险别也会产生变化。下面以不同贸易术语为例，为大家介绍拟写保险条款的方法，如图 6-19 所示。

```
┌──────────┐   ┌──────────┐   ┌────────────────────────────────────────┐
│          │──│ CIF、CIP │──│ Insurance is to be covered by the sellers for ×% of invoice │
│          │   │ 贸易术语 │   │ value against ×× and ×× as per Ocean Marine Cargo │
│          │   └──────────┘   │ Clauses of The People's Insurance Company of China │
│ 拟写保   │                   │ dated January 1, 1981. (由卖方按发票金额的×%投保 │
│ 险条款   │                   │ ××险和××险，以中国人民保险公司于1981年1月1 │
│ 的方法   │                   │ 日规定的有关海洋运输货物保险条款为准) │
│          │                   └────────────────────────────────────────┘
│          │   ┌──────────┐   ┌────────────────────────────────────────┐
│          │──│ FOB、CFR │──│ Insurance is to be covered by the Sellers on behalf of the │
│          │   │ 贸易术语 │   │ Buyers for ×% of invoice value against Marine Risks as │
│          │   └──────────┘   │ per Institute Cargo Clause (A) dated January 1, 1982 │
│          │                   │ Premium to be for Buyer's account. (由买方委托卖方按 │
│          │                   │ 发票金额的×%代为投保海洋运输险，以1982年1月1 │
│          │                   │ 日协会货物条款(A)为准，由买方承担保险费) │
└──────────┘                   └────────────────────────────────────────┘
```

图 6-19　拟写保险条款的方法

6.3.5　填制并领取投保单

投保单又称为要保单、投保申请书，是投保人申请保险的一种书面凭证。外贸人员在为货物办理保险时，必须填制"运输险投保单"，该单一式两份。一份由保险公司签署后交至投保人,作为接受承保的凭证;另一份由保险公司留存,作为缮制、签发保险单的依据。

1. 填制投保单

投保人在投保单上填制的主要内容有被保险人的名称和地址、保险标的名称和存放地点、投保的险别、保险责任的划分、保险金额和投保日期等,投保单的内容必须正确、真实地填写。图 6-20 所示为投保单的填写要点。

投保单的填写要点:

- 被保险人的名称和地址:填写卖方的公司名称和公司地址
- 唛头和号码:保险索赔时必须提交发票,可填写"As Per Invoice NO.×××"
- 保险金额:按信用证要求填写,若无规定,按货物 CIF 价格的 110% 填写
- 装载运输工具:海洋运输应完整填写船舶名称和航次,若需要两次运输,应分别填写船舶信息,使用"/"分隔
- 起讫地点:填写"From(装运港)To(目的港)W/T 或 VIA(转运港)"

图 6-20　投保单的填写要点

2. 提交投保单

外贸人员填写完投保单后,需要将投保单与相关文件交给保险公司。保险公司会按照投保内容签发保险单或保险凭证,并计算保险费用。保险单证一式五份,保险公司留存一份,投保人付清保险费用后获得四份正本。

外贸人员需要按照保险合同的规定,及时缴纳保险费用,通常具有一次付清、分期付款、现金支付、票据支付、汇付和托收等方式。

3. 领取保险单据

保险单据简称保单,是投保人与保险人签订保险合同的书面证明。保险单据主要可分为 4 类,分别是保险单(Insurance Policy)、保险凭证(Insurance Certification)、联合保险凭证(Combined Insurance Certificate)、预约保险单(Open Policy)。图 6-21 所示为保险单据的具体说明。

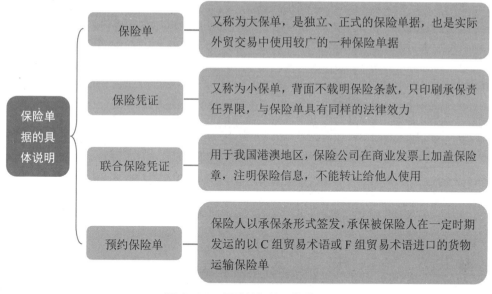

图 6-21 保险单据的具体说明

专家提醒

外贸人员在领取保险单据后，应仔细审核，若发现保险单据内容有错漏或需要更改，应及时向保险公司提出批改申请。批改申请必须在货物受损之前，或投保人不知有任何损失事故发生的前提下提出。

第 7 章

签订合同：外贸谈判及需要注意的细节

学前提示

买卖双方就交易事项达成一致后，就需要签订合同。合同是确定双方各自权利、责任与义务的法律文书，签订合同是进行交易的基本条件。

俗话说"工欲善其事，必先利其器"，很多外贸人员在外贸谈判时忽视了一些小细节，从而失去了价值千万的订单。因此，掌握签订合同和外贸谈判的技巧是十分重要的。

本章就为大家介绍国际贸易合同的签订流程和规避签订外贸合同风险的方法，帮助大家从细节入手，拿下大订单。

要点展示

▶ 国际贸易合同签订流程是怎样的

▶ 外贸合同签订时如何规避风险

7.1 国际贸易合同签订流程是怎样的

国际贸易合同又称为外贸合同,或进出口贸易合同,当买卖双方对交易的主要条款达成一致后,就需要正式签订这种合同。合同是对签约双方具有同等约束力的法律性文件,也是解决交易纠纷的法律依据。本节将为各位外贸人员介绍签订国际贸易合同的流程,帮助大家理清工作思路。

7.1.1 签订书面合同

在实际的外贸交易中,大部分外贸企业都拥有固定的格式合同(Model Contract Forms),主要适用于某一类产品(器械、机器等)的交易。格式合同不具有强制性,买卖双方仍可以根据实际需要对合同条款进行变更。

买卖双方若使用函电往来进行交易,由一方签署后应将正本的一式两份寄送给另一方签署,退回一份以备查存;若当面进行交易,则可由双方共同签署。表 7-1 所示为销售合同的主要条款及其具体说明。

表 7-1 销售合同的主要条款及其具体说明

主要条款	具体说明
销售合同 (Sales Contract)	合同应注明 Sales Contract 或 Sales Confirmation(销售合同确认书)等字样,明确合同属性,起草合同方可添加公司名称和公司标志
合同编号(NO.)	合同应填写公司系列编号,以方便外贸人员储存、归档和管理
签订日期(Date)	填写合同实际的签订日期
签约地点(Sign at)	若交易发生争议,合同适用于签约地的法律法规,必须准确填写
卖方(Sellers)	①正确填写卖方的公司名称;②正确填写卖方详细的公司地址(Address);③正确填写卖方公司的传真号(Fax)
买方(Buyer)	正确填写买方的公司名称、地址和传真号
品名及规格 (Name of Commodity and Specifications)	详细填写商品的名称和具体规格
单价(Unit Price)	单价通常由 4 部分组成,即计量单位、价格金额、计价货币和贸易术语,如 USD 400 PER M/T FOB NEW YORK(纽约离岸价每公吨 400 美元)
数量(Quantity)	计价数量通常为净重,也可以分别填写商品的毛重和净重

续表

主要条款	具体说明
溢短装条款 (More or Less Clause)	①"数量及总值均允许增加或减少____%，由卖方决定(With percent more or less both in the amount and quantity of the S/C allowed, decide by the sellers.)"，此项意为数量与合同总金额均可增减____%； ②若此项只列明"With percent more or less both in the quantity of S/C allowed."，则意为只允许数量增减，而金额不变，这属于有名无实的虚条款，需要慎重考虑
总金额(Total Value)	正确填写交易币种和所有商品的累计金额
包装(Packing)	填写商品包装的具体信息以及包装费用的承担方，若无特别说明则由卖方负担，无包装可填写 Naked 或 In Bulk
装运期 (Time of Shipment)	可明确规定具体时段，如 7 月底之前；或以信用证作为参照规定时间，如开立信用证后 30 天(必须规定开立信用证的具体日期和注意有效期)
装运港和目的港 (Ports of Loading and Destination)	填写装运港和目的港，转船必须列明中转地
是否允许分批装运和转船 (With Partial Shipment and Transshipment)	若无特别说明则视为允许分批装运或转船
保险(Insurance)	使用 FOB 贸易术语交易，选择"To be Effected by The Buyers"； 若使用 CIF 贸易术语交易，则需要注意： ①无特殊要求的前提下，由卖方根据中国人民保险公司条款，按发票总值 110%投保最低险别 FPA(Free from Particular Average 平安险)； ②若买方要求增加其他险别，必须在装船前获得卖方同意，并自负费用
付款方式(Payment)	使用信用证付款的描述如下："买方应在卖方认可的银行开立不可撤销的即期信用证，且在装运前一个月交至卖方，中国的有效议付期为装运后的半个月。(The Buyers shall open with a bank acceptable to the Sellers an irrevocable sight Letter of Credit to reach the Seller 30 days before the month of shipment, valid for negotiation in China until 15 days after the month of shipment.)"

续表

主要条款	具体说明
唛头 (Shipping Marks)	①商品若为裸装货或中性包装，应填写"N/M"； ②买方对唛头有特殊要求，应填写"买方在合同装运期前一个月内，明确通知卖方关于唛头的详细说明，否则由卖方自行解决。(The detailed instructions about the shipping marks shall be sent in a definite form and reach the Sellers 30 days before the time of shipment aforesaid. Otherwise it will be at the Seller's option.)"
一般条款 (General Terms and Conditions)	此项是对合同各项条款作出规定，一般印制在合同背面。买卖双方若有异议，可协议进行变更

专家提醒

外贸人员需要重点关注涉及运输、保险和结算等条款，每个细节都不能麻痹大意，必须完全达成一致后才能签订合同。

【案例分析】

A公司向德国D公司签订了一份价值60万美元的机械出口合同，双方约定所有商品均标注D公司的商标，货物将分4批在4个月内分别运输至柏林码头。

合同签订完成后，A公司按照合同规定的时间先后运出了两批货物，但两个月内不仅没有收到D公司支付的货款，还收到了D公司寄来的电函。函中提出，D公司由于财政压力，决定暂停进货，并与第三方公司商谈公司收购事宜。

由于第三方公司不愿意承担D公司的债务，所以D公司希望能与包括A公司在内的所有债权人达成和解协议，降低货款结束债务。A公司收到电函后未接受D公司的提议，并要求D公司严格按照合同规定，尽快支付已运出两批货物的款项，以及第3批货物投入生产的所有费用，共计45672美元。

最终D公司仅支付了已收到的两批货物的款项，A公司通过法律上诉也未得到相应赔偿。因为A公司在签订合同时，没有对此项支付条件进行规定说明，审核合同条款时，也并未考虑到此项风险。

在上述案例中，以D公司的财务状况，A公司若继续出运第3批货物几乎不可能收到货款。定制类货物具有独特的包装和样式，如果选择在其他地区处理，可能会不符合当地市场需求，从而很难以合理的价格售出。

案例中A公司和D公司最大的分歧就在于第3批货款是否应如期支付。从A公司的角度来说，货物虽堆放在公司仓库中，却是按照D公司要求定制的，并已经贴上了 D 公司的商标。按照 D 公司的说法，第 3 批货物尚未运出，一切费用和风险也并未转移，因此无须支付货款。

A 公司日后还需费尽心思地处理这批定制货物，很多初入外贸领域的企业也很可能会重蹈覆辙。由此可见，外贸企业只有全面、严格和详细地拟定合同条款，才能确保自身利益不受损害。图 7-1 所示为拟定合同条款应注意的注意细节。

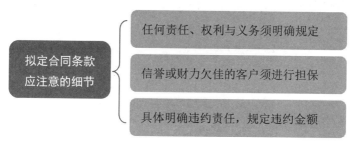

图 7-1　拟定合同条款应注意的细节

7.1.2　审核合同条款

无论是收到对方寄来的合同，还是我方寄出拟定好的合同，外贸人员都需要对合同条款进行严格的审核，以避免因合同的错漏造成不必要的经济损失。表 7-2 所示为审核合同条款的要点。

表 7-2　审核合同条款的要点

合同条款	审核要点
合同约首	仔细检查合同编号、买卖双方的具体信息(公司名称、地址和传真等)
数量条款	检查商品的计量单位和计量方法，确定商品的各项数值是否准确
包装条款	不同商品的包装方式必须详细列明，不能使用模糊用语
价格条款	检查贸易术语的相关要求，确定与其他条款要求没有冲突
装运条款	检查装运时间、装运方式和装运要求等信息的准确性
保险条款	检查是否与约定的投保要求(保险金额、保险险别等)相符
支付条款	检查是否与约定的支付方式相符，若使用信用证交易，必须确定是不可撤销信用证，且保证信用证受益人和有效期等信息的准确性

7.1.3　审核回签合同

对于客户的回签合同，外贸人员应严格审核客户是否对合同做了我方不能接受的修改，若出现这种问题，应立即与客户取得联系。若我方表示不接受修改，应以存档的副本向客户提出异议。外贸人员审核客户的回签合同，需要注意以下几点，如图7-2所示。

审核回签合同应注意的事项
- 若有不能接受的条款，无须签字，直接寄给客户进行修改
- 合同签署完毕退回给客户时，避免因重复签署引起的麻烦
- 合同中若存在拼写错误，可修改签字、存档后寄给客户

图7-2 审核回签合同应注意的事项

7.1.4 依法履行合同

合同签订完成后，买卖双方就必须依法履行合同规定的责任与义务，凡是不按照规定履行合同或违反合同规定的当事人，都会受到相应的处罚。外贸人员依法履行合同，应遵循以下几个原则，如图7-3所示。

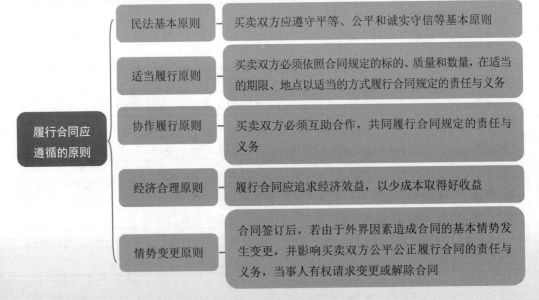

履行合同应遵循的原则
- 民法基本原则：买卖双方应遵守平等、公平和诚实守信等基本原则
- 适当履行原则：买卖双方必须依照合同规定的标的、质量和数量，在适当的期限、地点以适当的方式履行合同规定的责任与义务
- 协作履行原则：买卖双方必须互助合作，共同履行合同规定的责任与义务
- 经济合理原则：履行合同应追求经济效益，以少成本取得好收益
- 情势变更原则：合同签订后，若由于外界因素造成合同的基本情势发生变更，并影响买卖双方公平公正履行合同的责任与义务，当事人有权请求变更或解除合同

图7-3 履行合同应遵循的原则

买卖双方依法履行合同的责任与义务，不仅能够顺利地完成交易，还能增加在市场上的可信度。拥有良好信誉的商家，往往能够吸引源源不断的客户与其合作。

7.2 外贸合同签订时如何规避风险

外贸属于跨国交易，外贸公司在不了解客户的资信状况、交易作风和履约信用等情况下进行交易，很容易造成经济损失。合同是买卖双方处理业务纠纷的依据，外贸人员需要在签订外贸合同时注意各项细节，降低交易的风险。本节将为各位外贸人员介绍一些常见的合同签订注意事项，帮助大家更好地规避交易风险。

7.2.1 谨防合同欺诈陷阱

随着合同运用越来越普通，在订立和履行合同等方面上也出现了不少问题，尤其是合同欺诈问题。合同欺诈是以订立合同为手段，以非法占有为目的，用虚构事实或隐瞒真相的欺骗方法骗取公私财产的行为，外贸人员必须谨防合同欺诈陷阱。图 7-4 所示为合同欺诈的司法解释。

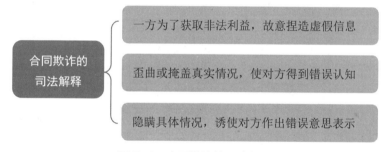

图 7-4　合同欺诈的司法解释

1. 合同欺诈的 6 个特点

合同欺诈的方式主要包括虚假的质量欺诈、虚假的商品标识欺诈、虚假的合同主体欺诈、虚假的宣传欺诈和虚假的价格欺诈。无论是哪一种欺诈方式，它们都具有各自的特点，外贸人员可以熟悉这些特点，以此辨别合同是否涉嫌欺诈。如图 7-5 所示，为合同欺诈的 6 个特点。

2. 合同欺诈的常见手段

合同欺诈不是个例，无论是经验丰富的老手，还是刚入行的外贸新手，如果不对此严加防范，很容易就落入合同欺诈的陷阱中。为了帮助大家避雷，下面为大家介绍一些合同欺诈的常见手段，如图 7-6 所示。

合同欺诈的6个特点

- 欺诈人发出欺骗性或虚假性的邀请，诱导对方向自己发出订立合同的意思表示（要约），采取欺诈手段达到签约目的
- 欺诈人对订立合同的主要条款及有关关键性事实作虚假介绍，或者隐瞒事实真相，向对方发出订立合同的意思表示，致使对方作出错误的承诺，以达到其订立合同的目的
- 所签合同生效后欺诈人通过双方履行该合同，达到其获取不法利益的目的
- 合同欺诈的突出特点是欺诈人一般具有合法的主体资格或具有一定的实际履约能力，同时可能还积极履行所签合同的部分条款，即通过履行一定的合同义务，从被欺诈方获得不法利益
- 在合同签订时，故意省略"合同违约条款"，不约定合同违约的相关处罚规定，使占据强势的欺诈方获得不法利益
- 在合同签订时，故意预留"陷阱"或者"圈套"，使被诈骗方在合同执行时有过错行为，诈骗方从而获得不法利益

图7-5　合同欺诈的6个特点

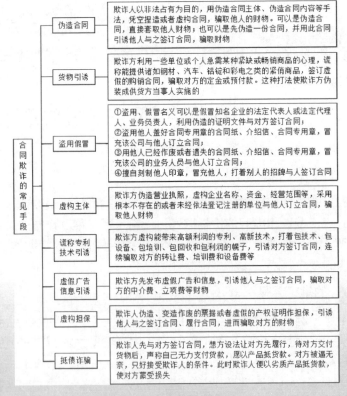

图7-6　合同欺诈的常见手段

```
                    ┌─ 深入调查客户资信状况、负债状况和履约信用等
                    │
                    ├─ 商议合同前参照完善的文本合同，避免遗漏条款
                    │
   规避合同          ├─ 尽量提供自己公司的文本合同，积极掌握主动权
   欺诈的方法   ─────┤
                    ├─ 所有条款以具体的书面约定为准，避免口头约定
                    │
                    ├─ 聘请法律顾问，降低风险，疑难问题由律师把关
                    │
                    └─ 建立健全合同管理制度，严格审查所有合同条款
```

图 7-7　规避合同欺诈的方法

7.2.2　避免 FOB 合同陷阱

FOB(Free On Board 装运港船上交货)又称为离岸价，在 FOB 贸易术语下，买方应租船订舱、支付运费，及时给予卖方关于船舶名称、装运时间和装运地点的通知，并承担货物自装运港装上船后的一切风险。下面主要为大家介绍 FOB 合同的主要风险和应对方法，帮助大家避免 FOB 合同的陷阱。

1．FOB 合同的主要风险

很多卖方认为使用 FOB 贸易术语进行交易风险小且省事，我国国际贸易出口合同也多使用 FOB 价格条款成交。但很多卖方其实并没有真正了解 FOB 贸易术语的风险，往往容易遭受损失，FOB 合同的风险主要有以下几种。

1）无单放货，货物被非法提取

无单放货又称为正本提单放货，是指承运人或货运代理人在港务当局或仓库管理人未收回正本提单的前提下，根据提单上记载的收货人或通知人凭副本提单或提单复印件，加保函放行货物的行为。如图 7-8 所示，为无单放货的特征。

一般来说，承运人在目的港只能向持有提单的人放货，提单是收货人向承运人提货的必备单据。但在实际贸易活动中，由于正本提单不能在船舶到达装运港之前交至收货人手中，所以无单放货便成了承运人交付货物的主要形式。

无单放货在我国属于违法行为，但在有些国家和地区被视为合法行为，如安哥拉、洪都拉斯和委内瑞拉等国家。无单放货很容易造成卖方货款两失的后果，因此外贸人员需要尽量警惕这种情况。图 7-9 所示为避免无单放货的方法。

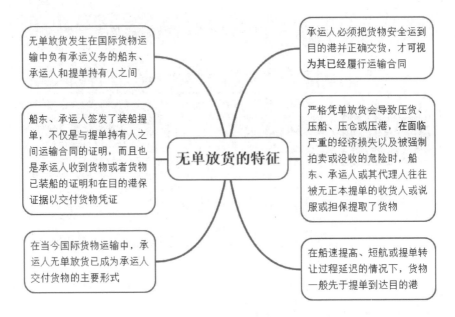

图 7-8 无单放货的特征

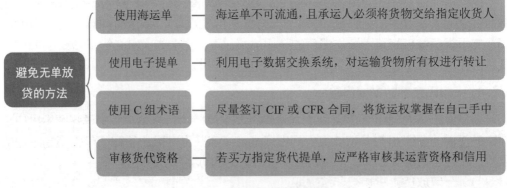

图 7-9 避免无单放货的方法

专家提醒

使用 FOB 贸易术语交易,卖方就没有货运权。若买方未付清货款,并串通货代公司无单提货,卖方则会陷入货款两空的境地。因此,卖方不要轻易接受卖方提出货代提单的要求。

2)交货延迟,导致信用证过期

在 FOB 贸易术语的要求下,买家负责租船订舱,若买方没有按照规定时间指定运输船舶，卖方就无法装运并运输货物。若买方变更交货的时间和地点，很可能会对卖方采购、仓储和运输货物带来影响。

如果买卖双方不能就交付货物的时间达成新的协议，卖方很可能无法取得货款，尤其是在信用证支付的情况下。卖方若不能在规定期限内取得相关单据，就无法办理信用证议付，从而导致信用证过期。

2. 避免FOB合同的陷阱

在认识到 FOB 贸易术语的风险后，卖方就需要积极采取相应的对策规避这种风险。避免 FOB 合同的陷阱，可以从以下几个方面出发，如图 7-10 所示。

避免FOB合同的陷阱：
- 如果是境外买家指定货代公司，卖方应坚持使用在我国注册的货代公司。在货代公司处理订舱订船相关运输事宜前，应尽量签订书面合同详细约定货代公司的义务
- 若买方坚持 FOB 条款并指定船运公司和货代安排运输，卖方可接受指定的船运公司，但对货运代理的资格应进行审查，只接受经政府批准的货代
- 若买方仍坚持指定境外货代，卖方应指定境外货代的提单必须委托经外经贸部批准的货运代理企业签发，并掌握提货物的控制权，同时由代理签发提单的货代企业出具保函，承诺货到目的港后必须凭信用证项下银行流转的正本提单放货，否则要承担无单放货的赔偿责任
- 卖方可以要求在货代公司取得海运提单后，应将海运提单交给卖方。如果境外买家没有按约付款，卖方还可以利用手中的海运提单处理货物，尽量减少损失
- 尽量使用C组贸易术语，虽然此类贸易术语会增加卖方运输费用、保险费率变动的风险，但与货物本身货值相比，运输费用、保险费率变动的金额更小

图 7-10　避免 FOB 合同的陷阱

7.2.3　全部损失与部分损失

货物在运输过程中常会遇到一些意外事件，如海啸、龙卷风或撞船失火等，这些意外事件会给买卖双方造成一定的损失。海上损失就是船舶从事航海时，所发生的与航运有关的船舶或货物的灭失、损坏和相关费用的统称。按货物损失的程度，海损又可分为全部损失和部分损失。图 7-11 所示为造成海上损失的重大航运事故。

1. 全部损失(Total Loss)

全部损失，是指保险标的物遭受意外事故后，其毁损程度几乎接近整体价值，或

者已经没有修复、施救价值，运输中的整批货物或不可分割的一批货物的全部损失。全部损失又可分为实际全损和推定全损，如图 7-12 所示。

图 7-11　造成海上损失的重大航运事故

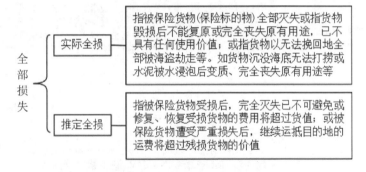

图 7-12　全部损失的分类

2. 部分损失(Partial Loss)

部分损失，是指船舶、货物及其他财产遭受自然灾害、意外事故后尚未完全失去原来的使用价值的状态。按货物损失的性质，部分损失又可分为共同海损和单独海损。

1）共同海损(General Average)

共同海损是指在同一海上航程中，当船舶、货物和其他财产遭遇共同危险时，为了共同的安全，有意地、合理地采取措施所直接造成的特殊损失、支付的特殊费用，由各受益方按比例分摊的法律制度。下面就来简单了解一下共同海损的组成要素，如图 7-13 所示。

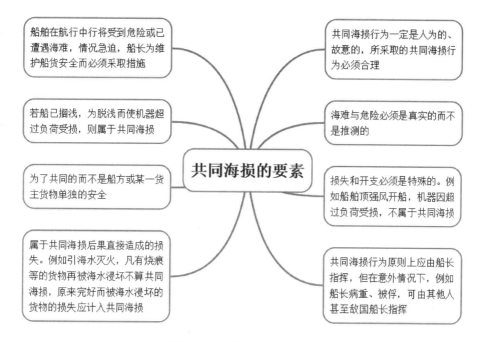

图 7-13 共同海损的要素

 专家提醒

通俗地说,共同海损就是——船出事了,货物虽然没有受到损失,但货主也要承担别人的损失。

一般来说,发生巨大航运灾难时才会导致共同海损,虽然是小概率事件,但外贸人员仍需要对此进行了解。共同海损的损失通常根据船舶、货物和运费按比例分摊,如表 7-3 所示。

表 7-3 共同海损费用的分摊情况

类 别	具体说明
确定船舶共同海损金额	①按照实际支付的修理费减去合理的以旧换新的扣减额计算; ②船舶还未修理,按照损失造成的合理贬值计算,但不能超过预估的修理费; ③船舶发生实际全损或者修理费用超过修复后的船舶价值的,共同海损损失金额按照该船在完好状态下的估计价值,减去不属于共同海损的估计的修理费和该船舶受损后的价值的余额计算; ④船舶因共同海损的分摊,按照船舶在航程终止时的完好值,减去不属于共同海损的损失金额计算,或者按照船舶在航程终止时实际价值加上共同海损的损失金额计算,或者按照船舶在航程终止时实际价值加上共同海损牺牲的金额计算

续表

类　别	具体说明
确定货物共同海损金额	①货物灭失的，按照货物在装船时的价值加保险费、加运费和减去由于损失无须支付的运费计算； ②货物损坏的，在损坏程度尚未达成协议前出售的，按照货物装船时的价值加保险费、运费，与出售货物净得的差额计算； ③货物共同海损的分摊，按照货物在装船时的价值加保险费，减去不属于共同海损的损失金额和承运人承担风险的运费计算；货物在抵达目的港已出售的，按照出售净得额加上共同海损损失的金额计算(旅客的行李、私人物品不计算分摊共同海损)
确定运费共同海损金额	①按照货物遭受损失造成的运费的损失金额，减去为取得这笔运费应支付但由于损失无须支付的营运费用计算； ②运费共同海损的分摊，按照承运人承担风险并于航程终止时有权收回的运费，减去为取得该项运费而在共同海损事故发生后，为完成本次航程所支付的营运费用加上共同海损损失的金额计算

2) 单独海损(Particular Average)

单独海损，是指在海上运输中因遇难及其他意外事故而发生的不能列入共同海损的部分损失。单独海损只涉及船舶和货物各自利益的损失，如货物被偷窃、焚毁或船舶受损等，若货物已投保，则由承保人代为承担标的物的损失赔偿责任。图7-14所示为单独海损的特点。

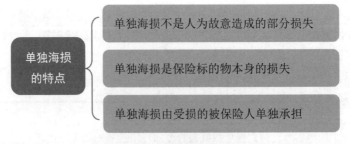

图7-14　单独海损的特点

单独海损仅涉及船舶或货物所有人单方面的利益损失，它与共同海损主要可以从以下几个方面进行区分，如表7-4所示。

表 7-4　单独海损与共同海损的区别

区　别	单独海损	共同海损
造成原因	由所承保的风险直接导致的船舶、货物损失	为解除或减轻风险，人为地有意识地采取合理措施造成的损失
损失承担	受损者自己承担	由受益各方根据获救利益的大小按比例分摊
损失内容	仅指损失本身	包括损失及由此产生的费用
涉及利益	只涉及损失方个人的利益	涉及船货各方的共同利益所受的损失

海上损失是无法事先预料的，无论是哪一种海上损失，外贸企业想要尽可能降低损失，可以及时为货物办理保险。

7.2.4　保留贸易往来的书面证据

买卖双方在签订合同之后，通常会因为各种因素对合同的相关事宜进行变更。双方沟通的内容都需要保留证据，例如邮件、电话记录或面谈资料等。若交易后期发生纠纷，这些书面证据对于确认债权债务关系和法律责任归属具有重要意义。

【案例分析】

> A 公司向加拿大 J 公司出口一批货物，合同中规定支付条件为"J 公司在生产前支付 60%定金，在收到传真单据一个星期内支付 40%的余款"。货物抵达加拿大后，买方直到付款日仍未支付剩余款项，因此 A 公司向中国出口信用保险公司(简称中国信保)提出索赔。中国信保在处理索赔的过程中，发现该交易存在以下问题。
> (1) 出口合同规定的货物价值为 4257.6 美元，而发票金额仅为 3625.7 美元。
> (2) 出口合同规定的价格中包含运费，而发票的价格条件为 FOB。
> (3) J 公司在应付款时发生逾期问题，在 A 公司多次催讨的情况下，J 公司派员工前往 A 公司协商并达成口头协议，双方口头约定变更支付条件为"货物出口后一个月内支付余款，包含被保险人垫付的运费"。
> 在后续调查中，中国信保查明 A 公司应 J 公司要求低开了发票金额并变更了支付条件，承诺 FOB 贸易术语下由买方 J 公司承担运费。但由于双方达成的是口头协议，A 公司无法提供证明全部事项的书面证据，因此保险公司不予理赔。

在上面这则案例中，A 公司低开发票金额、更改支付条件都属于更改合同的主要内容。在买卖双方达成一致的条件下，也应该留存书面证据，以便在发生贸易纠纷时提供相应事实进行抗辩。

在实际的外贸交易中，一些企业往往只是口头约定对合同某项内容进行修改或补充，并认为事后再让客户出具书面证明很可能会给对方留下不信任的印象。殊不知，这种行为反而不利于双方贸易关系的维护和发展。

其实在双方达成口头协议或收到客户的口头指示后，企业完全可以通过邮件、传真或其他通信工具和客户再次确认协商的内容，并表示希望客户能够给出书面答复。这不仅不会给客户留下不信任的印象，反而会让客户觉得企业做事严谨、值得信赖。

专家提醒

事实上，保留贸易往来的书面证据并不一定局限于原始的纸质材料，买卖双方往来的信函、电子邮件或通信工具的聊天记录都可以作为证据留存。

7.2.5 迟延交付及其法律责任

延迟交付是指货物未能在明确规定的时间内，在约定的卸货港交付货物。在实际外贸交易中，常会因为各种原因出现承运人延迟交货的问题。迟延交付不仅会影响外贸企业的商业信誉，还会在一定程度上损失外贸企业的经济利益。

由于迟延交付造成的影响，具体按照合同规定的条款商议如何处理。根据《1978年联合国海上货物运输公约》(简称《汉堡规则》)和我国《海商法》规定，卖方必须承担相应责任。如图7-15所示为迟延交付赔偿责任的具体说明。

迟延交付赔偿责任的具体情况 {
- 由于承运人不可免责的过失导致货物灭失或损坏的，应当负赔偿责任
- 由于承运人不可免责的过失，致使货物因迟延交付而遭受经济损失的，即使货物没有灭失或者损坏，承运人仍然应当负赔偿责任
- 承运人对货物因迟延交付造成经济损失的赔偿限额，为所迟延交付货物运费的数额
- 货物的灭失或者损坏和迟延交付同时发生的，承运人的赔偿责任限额适用关于货物每件、每单位及公斤的责任限制的规定
}

图7-15 迟延交付赔偿责任的具体情况

【案例分析】

我国某船运公司A受美国M公司委托，在圣诞节前运送价值5.7万美元的圣诞礼物至美国纽约港。按照A公司的船期表，航程总共30天，11月1日发货，应于11月30日到达目的港。

在货物运输途中,由于船舶遭遇暴风雨,A 公司计划在香港中转,预计运达时间需要推迟至 12 月 7 日,并在第一时间向 M 公司发电说明原因。最终船舶于 12 月 7 日抵达纽约港,总共用时 37 天。

由于 A 公司延迟交货影响了货物在圣诞节的销售,M 公司以迟延交货为由,要求 A 公司作出相应赔偿。B 公司则认为此种情形不属于迟延交货,拒绝赔偿,M 公司根据《中华人民共和国海商法》对 A 公司提起上诉。

在上述案例中,A 公司属于迟延交货,应承担相应的责任,赔偿 M 公司的损失。A 公司违背了合同的交货期,且无法为暴风雨遭遇提供足够的证据,所以 M 公司认为是由于不合理的转船而造成延误。

若 A 公司想使用"不可抗力因素"免除赔偿,根据我国《海商法》的相关规定,A 公司应当有足够的证据进行举证,如遭遇暴风雨,则应有气象部门的资料证明确有恶劣气象影响航行,不能举证则不能免责。

第 8 章

开发资源：这样做才能开发客户资源

学前提示

外贸公司运营的目的主要就是为了获得订单、赚取利润，只有源源不断地开发新客户、维护老客户，外贸公司才能获得更多的订单，才能正常运营。

外贸公司想要获得良性发展，就需要寻求新的市场空间，新客户为外贸公司带来的增长空间是十分可观的。那么，外贸新手该如何开发资源，不断获取新客户呢？

本章就为各位外贸新手介绍开发客户资源的基本流程和基本渠道，以及让业绩翻倍的 5 个技巧，帮助大家掌握开发客户资源的有效方法，实现高薪梦想。

要点展示

- ▶ 开发客户资源的基本流程
- ▶ 开发客户资源的基本渠道
- ▶ 做到这 5 点让业绩翻倍

8.1 开发客户资源的基本流程

客户是开展外贸工作的"源泉",只有持续开发客户资源,外贸企业的产品才能源源不断地销往海外市场。但对于外贸新手来说,如何开发客户资源是一个巨大的难题。本节就将为大家介绍开发客户资源的基本流程,帮助各位外贸新手快速开发客户资源。

8.1.1 寻找海外客户

对于外贸人员来说,寻找海外客户是非常重要的日常工作,交易的客户越多,外贸人员的提成也就越多。在互联网高速发展的时代,外贸人员可以快速又便捷地寻找海外客户。

在如今的外贸行业中,除了一些行业龙头拥有超强的自身实力,可以让客户自己找上门来合作外,对于大部分外贸企业来说,主动寻找海外客户更有利于企业发展。主动寻找海外客户的优势,如图8-1所示。

图8-1 主动寻找海外客户的优势

8.1.2 写开发信给客户

开发信(Business Development Letter)是外贸人员掌握潜在客户的联系方式后,向客户发送希望建立业务关系的邮件或信函。当潜在的外国客户收到开发信后,如有交易意向,则会与外贸人员进行进一步的沟通和谈判,最终确定交易关系。

1. 开发信写作技巧

写给客户的第一封信函非常重要,是吸引客户、争取交易机会的第一个环节。开发信内容的好坏,直接关系到客户的回复率,很多外贸人员发送给所有客户的开发信都是使用同一个模板,这样缺乏针对性的开发信往往只会石沉大海。

外贸人员要对客户进行深入分析后再撰写开发信，切忌在不清楚客户需求的情况下盲目发送开发信。盲目发送开发信就像大海捞针，收益甚微，开发信要将客户的需求与自身产品的优势和特点相结合。外贸人员想要提高开发信的回复率，必须掌握以下几个技巧，如图8-2所示。

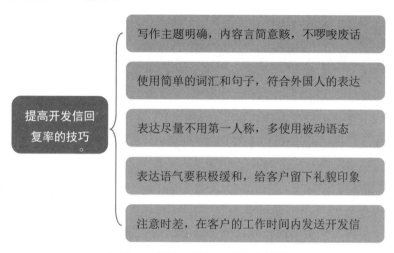

图8-2　提高开发信回复率的技巧

2. 开发信示例范文

开发信应言之有物，凸显公司与产品的优势，全力吸引客户的注意力，但内容也不宜太过详细，主要目的是为了引导客户回复联系。因此，开发信要做到有收有放、有所保留，下面就为大家介绍一篇开发信示例。

【开发信示例】

Dear Mr. Black,

　　Hopefully, this email doesn't cause you any inconvenience.

　　Briefly introduce our strengths:

　　(1) 14 years of tablet and mobile phone shell production experience.

　　(2) 20 engineers and own tooling house, strong at ODM.

　　(3) Sample ready in 2 days, fast delivery time 25 days, high efficient supply ability 350000 units monthly.

　　We are confident that our products will make a complement for your business and improve your values to the biggest. For your sake, why not choose one more support?

　　Anyway, hope we can get your soonest reply!

　　Best regards.

　　　　　　　　　　　　　　　　　　　　　　　　　　　　　　Steven

亲爱的布莱克先生：

希望这封邮件不会给您带来任何不便。

下面简要向您介绍我们的优势：

(1) 我们拥有14年的平板计算机和手机壳生产经验。

(2) 我们拥有 20 位工程师和自己的模具工厂，擅长 ODM(Original Design Manufacturer 原始设计制造商)。

(3) 2天内完成样品准备，25天快速交货，高效供应能力每月35万台。

我们相信，我们的产品将为您的业务提供补充，并最大限度地提高您的价值。为了您的利益着想，为什么不多一种选择呢？

无论如何，希望我们能尽快得到您的回复！

顺致敬意，

史蒂文

3. 开发信注意事项

好的开发信会开门见山地告诉客人"我是谁、我的产品是什么和我的优势在哪里"，这样简单直接的表达更能够争取到交易机会。需要注意的是，使用邮件发送开发信需要注意以下忌讳，如图8-3所示。

```
                    ┌── 切忌长篇大论，全文没有突出重点
                    │
邮件发送开           ├── 切忌使用奇怪的字体，排版复杂混乱
发信的忌讳           │
                    ├── 切忌出现语法、拼写错误，造成负面印象
                    │
                    └── 切忌使用没有针对性的模板，不重视客户
```

图8-3　邮件发送开发信的忌讳

外贸人员在第一次给客户发送开发信时，应尽量不添加图片、附件和 URL 链接 (Uniform Resource Locator，统一资源定位系统)。否则，容易被视为垃圾邮件，从而被外国服务器拦截。第一次联系客人最好使用全文本，在客人回复邮件后再添加这些内容则比较安全。若没有收到客户的回信，可能因为以下原因。

(1) 客户邮箱地址拼写错误，或邮箱已经弃用。

(2) 发件人邮箱已满，导致接收不到客户的回件。

(3) 开发信被客户邮箱默认为垃圾邮件，而客户没有定期审查垃圾邮件的习惯。

(4) 网络信号差，或邮箱稳定性差，导致邮件发送失败。
(5) 客户正在度假或休假，导致回复延迟。
(6) 邮件的标题不能吸引客户眼球。
(7) 邮件带有附件，客户担心带有病毒而拒绝打开。
(8) 附件过大，耗用资源不便打开，客户选择直接删除。
(9) 误解客户的求购信息，产品不符合客户需求。
(10) 客户的求购信息发布已久，目前已无需求。
(11) 邮件语法、拼写错误太多，客户理解困难。
(12) 信件内容没有做到言简意赅并体现自身产品的价值。
(13) 对方公司已有稳定的供应商。
(14) 客户对产品的需求时间较急，喜欢更直接的联系方式，例如电话，传真等，但是开发信上没有标明这些联系方式。

8.1.3 回复客户的询盘

询盘多为买方向卖方发出的询购所需货物的函电，外贸人员收到询盘后，应根据询盘的具体要求快速、准确地回复。一般来说，接到的询盘可分为两种类型，如图8-4所示。

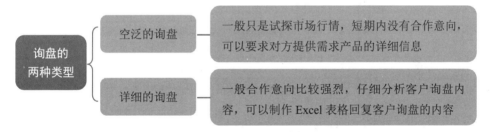

图 8-4 询盘的两种类型

外贸人员收到客户询盘，首先要分析客户所在国家、行业的市场行情，并在公司数据库中查找是否为老客户，或同事跟进的客户。除此之外，还需要找到客户公司的网站，或在社交网站(如领英、Twitter 和 Facebook 等)搜寻客户的相关资料，估摸客户对产品的需求量及其商业范围。

 专家提醒

外贸人员要重视每一位客户，遵循对待大小客户、新老客户和远近客户都同等对待的原则。

8.1.4 向客户报价

怎样报价才算有效呢？如果外贸人员报价太高，容易吓跑客户；若报价太低，则没有钱赚。有经验的外贸人员会在报价前进行充分的准备，在报价时选择适当的贸易术语，利用合同里的付款方式、交货期、装运条款和保险条款等，与客户讨价还价，也可以凭借自己的综合优势，在报价时掌握主动权。

1. 报价技巧

过高或过低的报价都难以被客户接受，且报价要及时，若收到客户询盘后十天半个月才报价，客户可能早就与别人达成交易了。因此，外贸人员需要掌握一些报价技巧，如图8-5所示。

报价技巧：

- 只有认真分析客户的购买意愿，了解他们的真正需求，才能拟就出一份有的放矢的好报价单。有些客户将价格低作为最重要的因素，一开始就报接近客户满意值的价格，那么赢得订单的可能性就大

- 做好市场跟踪调研，清楚市场的最新动态。由于市场信息透明度高，市场价格变化更加迅速，因此，外贸人员必须依据最新的行情报出价格——"随行就市"，买卖才有成交的可能

- 贸易术语是报价单的核心组成部分，不同贸易术语对买卖双方的责任承担以及利益划分也不尽相同。因此，外贸人员在拟报价前，一定要熟练掌握不同贸易术语的深刻内涵，从而在尽可能满足客户要求的基础上，根据已选择好的贸易术语进行报价操作

- 展示自身的综合实力，通常同行业中的大客户或知名客户都具有一定影响力，如果外贸人员在提供给客户的图片资料中有合作过的大客户公司的商标，无形之中就增加了说服力和客户的信任度

图 8-5 报价技巧

2. 应对压价

价格并没有绝对的高低之分，所谓的高价和低价都是通过产品对比而得出的，客户通过市场上其他同类产品的价格进行比较，认为卖方的产品价格高是很正常的。因此，面对客户的压价行为，外贸人员要给出具有说服力的理由，说明产品物有所值。

一般来说，一份合适的报价应该从以下3个方面出发。

(1) 预留议价的空间，一般建议有15%~20%的弹性空间。

(2) 报价金额尽量不要为整数，宜零数，让客户从视觉上感受到报价的严谨性，如47.5美元/件，但也不能太零碎，如47.256美元/件。

(3) 要有充分的理由说明价格的合理性，让客户明白并不是在漫天开价。

客户购买产品，并不仅仅只在意产品价格，对于产品质量、产品售后服务和卖方的服务态度也很重视。外贸人员在价格谈判过程中，要保持礼貌友好的态度，让客户觉得受到尊重和重视，可以适当让利，但一定不要轻言降价。图 8-6 所示为应对客户压价的方法。

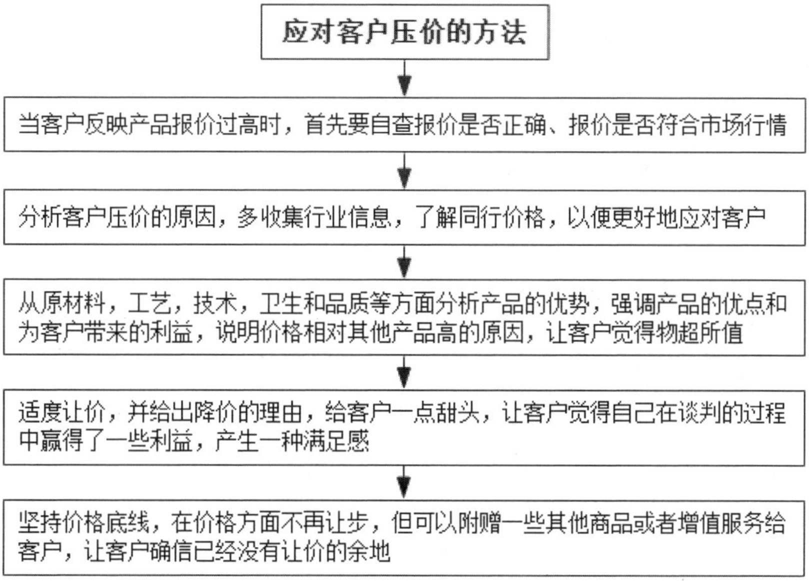

```
应对客户压价的方法
  ↓
当客户反映产品报价过高时，首先要自查报价是否正确、报价是否符合市场行情
  ↓
分析客户压价的原因，多收集行业信息，了解同行价格，以便更好地应对客户
  ↓
从原材料，工艺，技术，卫生和品质等方面分析产品的优势，强调产品的优点和为客户带来的利益，说明价格相对其他产品高的原因，让客户觉得物超所值
  ↓
适度让价，并给出降价的理由，给客户一点甜头，让客户觉得自己在谈判的过程中赢得了一些利益，产生一种满足感
  ↓
坚持价格底线，在价格方面不再让步，但可以附赠一些其他商品或者增值服务给客户，让客户确信已经没有让价的余地
```

图 8-6 应对客户压价的方法

8.1.5 给海外客户寄样

客户在确定下单之前，通常会请卖方提供样品以供查看、检验。但在实际的外贸交易中，这看似简单的过程却让很多外贸企业左右为难，因为打样、寄样都需要成本，而且有很多竞争对手通过索取样品来进行模仿和套价。因此，对于外贸公司来说，寄样存在一定的风险。为了避免诈骗，下面就为大家介绍一些判断是否需要寄样的方法，如表 8-1 所示。

专家提醒

寄样的实质，其实就是如何甄选潜在客户并建立业务关系。业务进展到了寄样阶段，就表示双方离交易更进一步了。

表 8-1　判断是否需要寄样的方法

是否需要寄样	判断方法
不需要寄样	(1)从未联系过的公司突然表示对己方产品感兴趣，希望能提供样品检测，并同时提供公司简介、营业执照和法人资料等，通常带有固定格式。如果外贸人员按要求寄送样品，对方会快速回复，并要求前往该公司所在地签订合同； (2)从未联系过的 A 厂声称需要聘请己方作为独家销售代理，接着，从未联系过的 B 公司声称急需 A 厂生产的产品。原来对 A 厂的怀疑被 B 公司的询盘掩盖，实则是两家公司联合诈骗
可寄可不寄	(1)可寄样品：公司规模大，承担样品费没有压力，并希望通过寄样宣传公司产品、扩大公司知名度； (2)不寄样品：公司没有富余资金，客户的合作可能性不大，或产品匹配度不高等，可以选择不寄样品
需要寄样	(1)经过多次磋商(询盘、报盘和还盘)后，为了使客户对己方的产品有更加深入和直观的了解； (2)对于规模较大、在行业内具有知名度的客户，应主动出击、抢占先机，全力争取交易机会

寄送样品并不能确保外贸公司稳拿订单，外贸人员还需做好相关事项的准备工作。下面将从 3 个方面出发，为大家介绍寄样前的准备工作、寄送样品的方式和寄样后的相关工作。

1. 寄样的准备工作

外贸公司在确定给客户寄样后，要确定样品的型号、规格等要求，以及运费成本。对于长期合作、知根知底的老客户来说，可以考虑免去样品费和运费；对于有诚意的新客户，可以告知免费提供样品，但希望对方承担运费。

以上方案仅供参考，外贸公司可根据实际情况与客户进行沟通。如图 8-7 所示。

2. 寄送样品的方式

一般来说，外贸公司寄送样品的方式有两种，分别是邮政航空大包寄送或航空快递寄送，外贸公司可以根据样品的具体情况，选择合适的寄送方式。如图 8-8 所示。

3. 寄样后通知确认

当样品寄送给客户后，外贸人员应在第一时间内通知客户，可以将快递单号和预计到达时间告知客户。外贸人员应在客户预计收到样品的时间前后，发送邮件或传真确认客户是否收到样品，并将样品的寄送情况登记在"样品寄送记录表"中，如

图 8-9 所示。

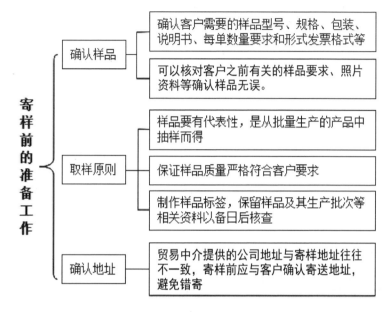

图 8-7 寄样前的准备工作

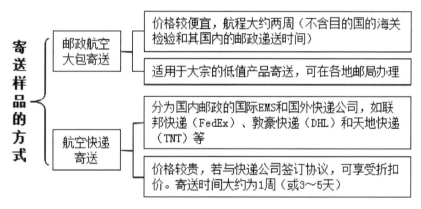

图 8-8 寄送样品的方式

确认客户收到样品后，外贸人员仍要持续跟进，无论客户对样品满意与否，都需要了解客户对样品的反馈。不管样品是否能在短时间内带来订单，外贸人员都需要与客户建立良好的关系。

样品寄送记录表

序号	日期	客户名称	样品名称	数量	单号	预计到货时间	确认到货时间
1	2021.8.1	Daniel	Earplug Ware	1	EA123456789CN	2021.8.15	
2	2021.8.1	Alice	Earplug Ware	1	EA123456790CN	2021.8.15	
3	2021.8.2	Rebecca	Earplug Ware	1	EA123456791CN	2021.8.16	
4	2021.8.2	Ross	Earplug Ware	1	EA123456792CN	2021.8.16	
5	2021.8.2	Robert	Earplug Jack	1	EA123456793CN	2021.8.16	
6	2021.8.3	Steven	Earplug Jack	1	EA123456794CN	2021.8.17	
7	2021.8.3	Johnson	Earplug Jack	1	EA123456795CN	2021.8.17	

图 8-9　样品寄送记录表

8.1.6　接待客户验厂

当客户提出要验厂时，通常代表对公司的产品很感兴趣，若外贸人员处理得当，那么客户下单的概率就很大。因此，接待客户验厂需要外贸人员认真对待，下面就为大家介绍各项准备工作，如表 8-2 所示。

表 8-2　接待客户验厂的各项工作

工作类型	主要内容
验厂前的准备	(1)了解客户公司规模、主营产品和目标市场等，以及客户职务、爱好和性格等，了解客户所在国家的风俗礼仪，注意着装与谈吐； (2)了解客户的采购行程以及时间安排，根据客户到达的时间安排车辆接送； (3)联系工厂负责人，安排好验厂时的各项流程，准备介绍工厂的相关资料
验厂时的接待	(1)与客户交换名片，介绍工厂和产品的具体情况，记录客户提出的问题； (2)参观工厂，展示工程规模、产品的生产线和生产过程； (3)选择有代表性的场所与客户合影留念，向客户赠送纪念品
验厂后的事务	(1)整理客户验厂时提出的问题并解决，根据验厂行程和合影照片写一篇资讯报道，发布至公司网站加以推广宣传； (2)跟进客户，与客户沟通采购事宜

8.2　开发客户资源的基本渠道

外贸人员需要主动出击，通过各种渠道开发、挖掘客户，把希望寄托于邮件开发客户是非常不明智的，外贸人员必须扩大寻找客户的渠道。本节就为大家介绍 6 种开发客户的基本渠道，帮助大家获得更多新客户。

8.2.1 通过企业网站开发客户

对于外贸企业来说，企业网站就像是一张电子名片，能够直接展示企业形象、经营理念和企业信息。在互联网时代，建立企业网站是开发客户的基本做法，企业网站不仅是业务和产品的展示平台，还是体现服务和开拓营销的载体。图 8-10 所示为通过企业网站开发客户的好处。

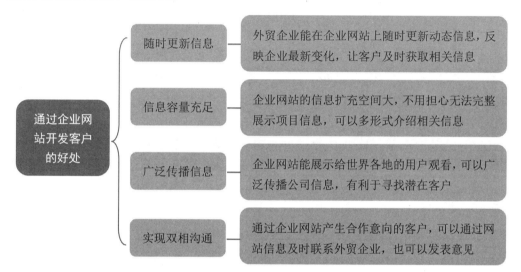

图 8-10　通过企业网站开发客户的好处

但并不是所有企业网站都能吸引到客户，如果一个外贸企业的企业网站制作简陋，容易让浏览的客户觉得这个外贸企业实力较弱，从而不愿多做了解。外贸企业想要利用企业网站开发客户，可以从以下 4 个方面入手。

1. 设计精美的企业网站

如果一个外贸企业拥有一个具有高级视觉效果和技术功能完备的专业企业网站，会给浏览的客户留下深刻印象，无形之中提升企业形象。网站的页面设计是客户判断是否与企业合作的先决条件，是客户对企业的第一印象。

因此，在设计企业网站时，必须从客户的角度出发，给客户一种视觉享受。界面的设计感也非常重要，无论是字体、页面布局、主题颜色，或是使用功能都会影响到客户的体验感。

2. 丰富网站的内容信息

除了美观的设计外，精良的企业网站还需要具备翔实的信息内容。客户进入网站抱有一定的目的，外贸企业需要做的就是展示客户想要的信息，这样才能将客户留在网站。

3. 提升网站的加载速度

有些网站设计者会做一些网页特效，这些特效可能会提升页面的精美度，但不建议过多使用，这将会影响网站的加载速度。网页加载速度慢会直接影响客户的体验，如果客户等待加载的时间太长，将会失去耐心甚至关闭网站，从而导致客户流失。

4. 保证网站的更新频率

一成不变的网站内容会造成审美疲劳，不利于吸引新客户。只有不断更新网站内容，才能持续吸引更多人的关注，激发客户的好奇心，然后进一步了解企业信息，促成合作关系的概率也会大大增加。

8.2.2 通过 B2B 平台开发客户

B2B 是 Business-to-Business 的缩写，是指企业与企业之间通过专用网络或互联网，进行数据信息的交换、传递，开展交易活动的商业模式。B2B 平台已经成为国际贸易过程中开发客户的重要渠道，它在电子商务交易中占据着非常重要的地位。

1. B2B 平台的类型

B2B 平台是聚集供求双方的平台，卖方可以利用平台把产品销售出去，买方可以利用平台买到满足需求的产品，几乎所有的外贸公司都会使用 B2B 平台。需要注意的是，外贸公司需要根据公司的产品特性，选择合适的 B2B 平台。

B2B 平台一般可分为免费制和收费制两种类型，外贸公司若只打算将 B2B 平台作广告宣传之用，选择免费制即可；若希望进一步开发客户，则可以选择收费制。图 8-11 所示为 B2B 平台的两种类型。

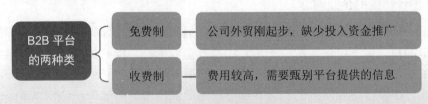

图 8-11　B2B 平台的两种类型

随着互联网的飞速发展，国内的 B2B 平台也逐步趋于成熟，较为知名的 B2B 平台有阿里巴巴、慧聪网、环球资源网、敦煌网和中国制造网等。这些 B2B 平台有专业型的，也有综合型的，外贸公司可根据公司产品酌情选择。

2. B2B 平台开发客户

随着竞争的加剧，外贸人员开发客户的周期越来越长、成本也越来越高，选择高效的开发客户方式，成了外贸人员的迫切需求。下面就为大家介绍通过 B2B 平台开发客户的方法，如图 8-12 所示。

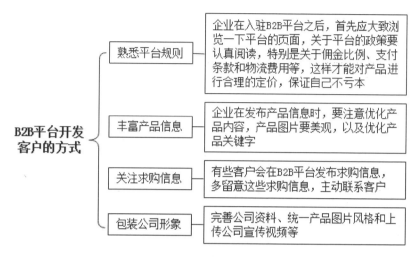

图 8-12　B2B 平台开发客户的方式

8.2.3　通过搜索引擎开发客户

互联网汇聚了四面八方的最新消息，外贸人员通过搜索引擎可以轻松地搜索出大量与产品有关的信息。搜索功能较强的搜索引擎有谷歌、必应和百度等，搜索的关键词不同，其结果也会有所差异，下面就为大家介绍使用搜索引擎开发客户的技巧。

1. 搜索关键词

搜索关键词的方法又可以分为两种，一种是通过关键词搜索客户，另一种是通过关键词展示外贸公司的产品，具体内容如下所述。

1）关键词搜索客户

为了获得更精准的客户信息，外贸人员可以通过输入关键词进行搜索。例如外贸公司销售的产品为耳机，那么就可在搜索引擎内输入"Headphones + Importer(耳机 + 进口商)""Buy + Headphones(买 + 耳机)"和"Headphones + Distributor(耳机 + 经销商)"等关键词。

这样搜索的好处是能够得到更加精确的客户信息，外贸人员可以更高效地定位目标客户。"产品 + 需求"的关键词搜索法，是外贸人员开发客户的常用方法，关键词越精准，获得的信息就更准确。

2) 关键词展示产品

与上面介绍的方法一样，外贸人员只需从出口方的角度设置需求关键词，以便客户更好地在搜索引擎查找公司产品。以耳机为销售产品，外贸人员将产品关键词设为"Headphones + Exporter(耳机+出口商)""Sell + Headphones(卖+耳机)"和"Headphones + Manufacturers(耳机+生产商)"即可。

为了让客户更快地找到公司产品的相关信息，外贸人员需要不断地优化关键词。中文的词汇表达非常丰富，外贸人员可以使用同义词或近义词表达，即使是同一件产品也能采用不同的描述方式。

2. 优化排名

在搜索引擎中，排名越靠前的产品就越容易吸引客户的注意。外贸人员想要提高产品的排名，可以定期更新产品信息，发布的内容不仅要具有专业性，还应拥有精准的关键词。

8.2.4 通过外贸交易会开发客户

展会是为了展示产品和技术、拓展渠道、促进销售和传播品牌而进行的宣传活动。对于外贸企业来说，参加展会是获取客户的重要途径，外贸人员与客户面对面交流，获取到的客户信息会更可靠、有效。

中国进出口商品交易会(The China Import and Export Fair，广交会)是目前中国最具影响力的展会，被誉为"中国第一展"，每年春秋两季在广州举办。图8-13所示为广交会的展览现场。

图8-13　广交会展览现场

【案例分析】

广交会自 1957 年春季创办以来，距今已有 60 多年的历史，是中国目前历史最长、层次最高、规模最大、商品种类最全、到会采购商最多且分布国别地区最广、成交效果最好的综合性国际贸易盛会。

广交会贸易方式灵活多样，除传统的看样成交外，还举办网上交易会。广交会以出口贸易为主，也做进口生意，还开展多种形式的经济技术合作与交流，以及商检、保险、运输、广告和咨询等业务活动。

参加广交会具有一定门槛，需要支付高昂的参展费用，但也能将外贸企业的产品展示给来自世界各地的贸易商们。除了线下展会外，广交会还举办了线上交易会，以多种形式展开经济技术的交流和合作。

除了中国的广交会，世界各地每年都会举办大型的展会，为世界进出口商提供广阔的平台。对于我国的进出口商来说，参加国外展会需要投入巨大的时间和金钱成本，所以应该尽量选择适合自己产品或目标市场的展会。

进出口商在展会上可以直接展示实物样品、洽谈商品价格和交易细节，这些都是促进交易的优势条件，比网络沟通联系更加直接、方便。外贸人员在展会开发客户时，重在面对面沟通。沟通工作主要可分为 3 个步骤，如图 8-14 所示。

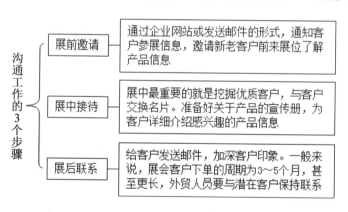

图 8-14　沟通工作的 3 个步骤

8.2.5　通过社交软件开发客户

如今社交网络的用户群越来越大，通过社交软件，外贸人员可以维护老客户、开发新客户和提高客户信任度。维护与客户的社交网络，多发表与产品有关的内容，这样能够吸引更多的粉丝。

外贸人员通过社交软件不仅能够获得更多关于客户的信息，还能够对客户更加了解，为以后的合作打下基础。外国客户常用的社交软件有 Linkedin(领英)、Twitter(推特)和 Facebook(脸谱网)等。图 8-15 所示为 Linkedin 提供的公司目录。

图 8-15　Linkedin 提供的公司目录

8.2.6　通过电话开发客户

通过电话开发客户，是较直接和较有效的开发方式。外贸人员在给客户打电话之前，需要对客户进行调查了解，如果客户没有这类产品的需求，则无须浪费时间。只有筛选出目标客户，才能获得事半功倍的效果。

为了避免遭到客户的直接拒绝，外贸人员要对客户的公司做好背景调查，确定对方有采购对应产品的需求。一般来说，外贸人员做足准备工作但仍遭到客户回绝，可能有以下几种原因，如图 8-16 所示。

图 8-16　做足准备却仍遭客户回绝的原因

通过电话开发客户不同于面对面交流，外贸人员要注意通话的开场白，不要一开始就冷场，并且要保持基本的礼貌和尊重。

专家提醒

对于客户的重要信息，要及时记录，必要时可以在通话后再发送一封邮件与客户确认。

8.3 做到这5点让业绩翻倍

外贸新手在经过一段时间的业务实践后，要全力提升自己的业务能力，使自己的业绩不断翻倍。为了帮助各位外贸新手更快实现成长，本节将从5个方面出发，为大家介绍让业绩翻倍的实践方法。

8.3.1 提升自己的专业职业能力

外贸人员只有具备专业的基本素质，对公司产品、外贸流程熟记于心，才能游刃有余地面对客户提问或主动开发客户。想要做到这种炉火纯青的地步，外贸人员就必须深入生产车间和销售市场，全面了解产品的各种信息，以及同类产品的优缺点。下面就从4个方面出发，为大家介绍提升专业职业能力的方法。

1. 让客户提升信任度

外贸人员在面对客户询盘时，不仅要及时、详细地回答，还要准备好客户有可能提到的问题，例如产品的用途、材料的特性，以及产品的注意事项等，否则可能就会出现下面这则案例中的问题。

【案例分析】

小王是外贸公司的新人，某天他收到了一位来自新加坡客户的询盘，小王很快就与客户展开了交流。随着沟通的深入，客人对产品提出了一些细节性的问题，但小王并没有完全了解客户的意图和需求，客人问什么，他就答什么。

小王向客户介绍有关产品的信息，甚至都没有客户事先了解的资料详细。最终，客户因为小王的不专业表现，决定放弃此次合作。

客户前来询盘，并不代表一定会进行合作，客户表现出对产品的兴趣时，外贸人员就要抓住机会向客户详细介绍，进一步提升客户对合作的兴趣。想要让客户信任自己的专业，可以从以下几个方面出发，如图8-17所示。

2. 了解产品销售市场

知己知彼才能百战百胜，如果外贸人员只花时间精力钻研自己的产品，对销售市场的行情一无所知的话，也无法给客户带来有利的价值。想要在众多出口商中脱颖而出，外贸人员就需要全面了解产品的销售市场。

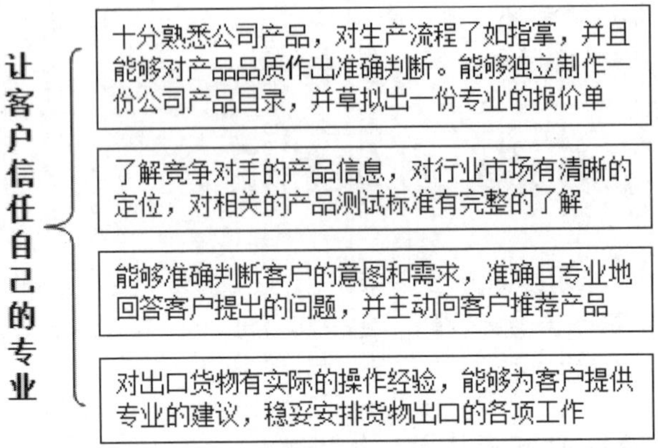

让客户信任自己的专业
- 十分熟悉公司产品，对生产流程了如指掌，并且能够对产品品质作出准确判断。能够独立制作一份公司产品目录，并草拟出一份专业的报价单
- 了解竞争对手的产品信息，对行业市场有清晰的定位，对相关的产品测试标准有完整的了解
- 能够准确判断客户的意图和需求，准确且专业地回答客户提出的问题，并主动向客户推荐产品
- 对出口货物有实际的操作经验，能够为客户提供专业的建议，稳妥安排货物出口的各项工作

图 8-17　让客户信任自己的专业

了解产品的销售市场，就必须了解市场上的同类竞品，一些特别优秀的外贸人员甚至可以做到比竞争对手还了解他们的产品。外贸人员充分了解销售市场主要有以下几点好处，如图 8-18 所示。

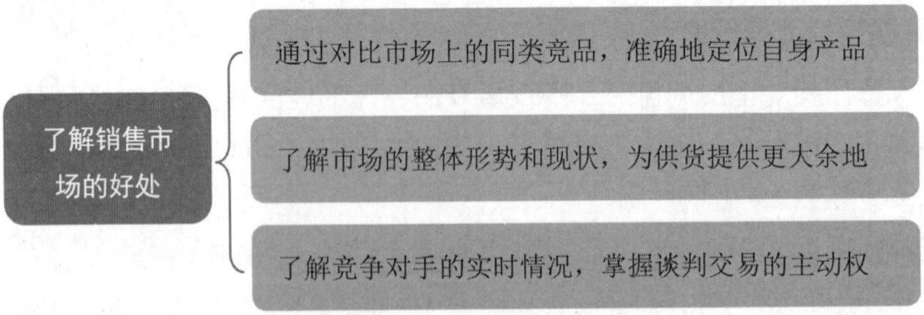

了解销售市场的好处
- 通过对比市场上的同类竞品，准确地定位自身产品
- 了解市场的整体形势和现状，为供货提供更大余地
- 了解竞争对手的实时情况，掌握谈判交易的主动权

图 8-18　了解销售市场的好处

3. 工作计划要有重点

为了避免低效工作，外贸人员应该每天计划好工作内容，并且工作计划要有重点。外贸是一项具有连续性的工作，外贸人员需要合理进行安排。图 8-19 所示为每日工作计划示例。

外贸人员每天可以坚持给潜在客户和老客户发送公司最新的产品信息，只要客户没有明确拒绝，坚持就有希望。据统计，外贸人员开发 1 个新客户所花费的成本和经历，相当于维护 10 个老客户。因此，维护老客户是外贸公司的"生存基础"，需要列为工作重点。

每日工作计划					
姓名：李娟			日期：2021.8.7		
序号	工作项目	完成时间	实际达成	未达成原因	改进措施
1	回复邮件	9:00-10:00			
2	跟进7个重点客户	10:15-11:30			
3	跟进出货状态	11:35-12:00			
4	开发10个客户	14:00-16:00			
5	发布20件新产品	16:10-17:10			
6	学习新产品	17:10-18:00			
自评：					

图 8-19　每日工作计划示例

4. 全面提升专业技能

外贸新人往往存在缺乏专业知识、技能和工作经验的缺陷，这是每个刚步入职场的新手都会遇到的问题。想要全面提升自己的专业技能，外贸新手可以从以下几个方面努力，如图 8-20 所示。

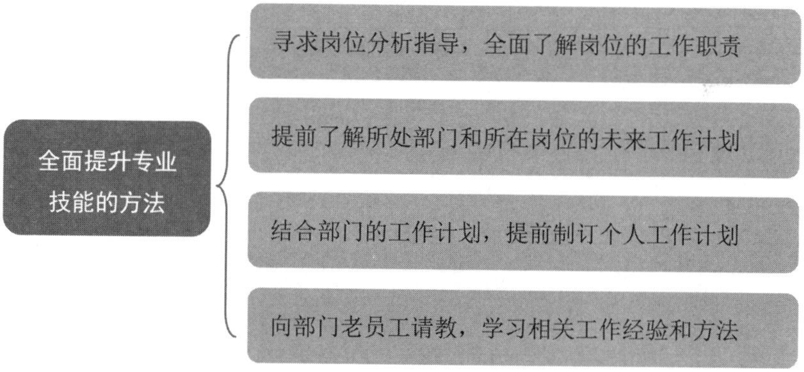

全面提升专业技能的方法：
- 寻求岗位分析指导，全面了解岗位的工作职责
- 提前了解所处部门和所在岗位的未来工作计划
- 结合部门的工作计划，提前制订个人工作计划
- 向部门老员工请教，学习相关工作经验和方法

图 8-20　全面提升专业技能的方法

8.3.2　全面掌握行业与产品信息

外贸人员在与客户谈论产品的各项问题时，如果对行业和产品信息的了解不够充分，很容易被客户问得哑口无言。尤其是在价格问题上，产品价格容易随着行业变化而波动，外贸人员给不出符合市场行情的价格，就很容易丢失客户。

1. 掌握行业信息

行业发展日新月异，外贸人员只有持续保持行业接触，掌握行业最新信息，才能了解行业当下的现状。掌握行业信息，是外贸人员与客户合作的基本前提，其具体框架可以分为4个方面，如图8-21所示。

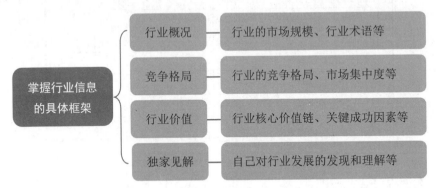

图8-21 掌握行业信息的具体框架

以专门做钢铁工业出口生意的A公司为例，其公司外贸业务员小罗经常在某网站上搜寻与公司产品相关的行业信息，及时掌握行业动态，在与客户交谈时，总能让客户了解到行业的最新动态。图8-22所示为钢铁行业的信息动态。

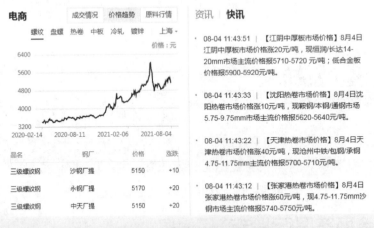

图8-22 钢铁行业的信息动态

2. 掌握产品信息

掌握产品信息是外贸人员的基本功，外贸人员在与客户沟通时，如果连产品的规格、性能和品质等信息都描述不出来，是不可能拿到用户订单的。很多外贸人员认为，只要了解产品的价格、优势和劣势就足够了，但当客户想要进一步了解产品的材料构成、产品的操作规范时，一无所知的外贸人员又如何能够留住客户呢？

因此，掌握产品信息不能仅局限于表面，任何客户可能想要了解的信息，外贸人员都要有所了解。如果外贸人员不能全面掌握产品信息，就等于将与客户合作的机会拒之门外。

8.3.3 对待客户有耐心、有礼貌

外贸人员与外国客户做生意时，不仅要有长远的全局眼光，还要注重细节，对待客户有耐心、有礼貌就是基本的尊重和礼节。俗话说，客户就是上帝，想要获得客户的信赖，就要让客户产生宾至如归的感觉。

外贸人员需要牢记一句话，那就是"生客卖的是礼貌，慢客卖的是耐心"。对待新客户，外贸人员要保持礼貌，让客户觉得受到尊重，乐于交易；对待下单较慢的客户，不要着急卖产品，可以耐心跟随客户的节奏走。总的来说，外贸人员对待客户要有良好的态度，想要赢得客户信任，需要注意以下事项，如图8-23所示。

```
                    ┌─ 为所有客户进行编号入册，尽量完善客户
                    │  信息，不要遗漏，尊重客户就要了解客户
                    │
赢得客户信任        ├─ 根据客户购买意向对客户进行划分，重点
的注意事项          │  跟进购买意向大的客户，持续跟进购买意
                    │  向较小的客户，分清主次关系
                    │
                    └─ 定期跟进客户，礼貌地给所有客户发送邮
                       件，久而久之，客户可能就会产生信任感
```

图8-23 赢得客户信任的注意事项

8.3.4 掌握必要的外贸业务工具

初入外贸行业的新手想要提高日常工作效率，就需要掌握一些必要的外贸业务工具。使用外贸业务工具，不仅能提高外贸人员的工作效率和准确率，还便于厘清工作思路，具体内容如下所述。

1. 便利贴

外贸人员在计算机前长期工作时，可以使用便利贴记录重要事项，再将便利贴贴在显示器等醒目的位置，一抬头就能看到，如图8-24所示。

外贸人员还可以使用便利贴记录未完成事项，特别是在放假前期，如果手头上还有一些工作未完成，建议下班前逐个列明在便利贴上，贴在工位醒目的位置。这样一来，回公司上班立马就能厘清工作思路，节省工作时间。

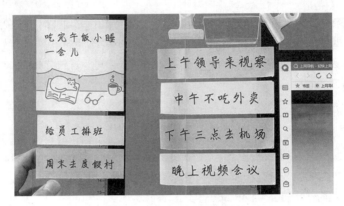

图 8-24　便利贴记录重要事项

2. 文件格式转换工具

外贸人员在与客户进行交流时，通常需要传送相关资料，例如报价单和产品资料等。由于使用习惯的不同，经常会收到各种各样格式的文件，为了提高工作效率，外贸人员就需要利用文件格式转换工具，灵活方便地处理这些文件。图 8-25 所示为转换文件格式的 Wondershare HIPDF。

图 8-25　转换文件格式的 Wondershare HIPDF

3. 翻译工具

如果外贸人员对英文不是十分熟练，与外国客户进行交流时，为了及时掌握客户的需求，可以使用翻译工具快速理解。常用的翻译工具有 CNKI 翻译助手、谷歌翻译、有道翻译官和 ImTranslator 等，这些翻译工具都有各自的特点，具体如下所述。

（1）CNKI 翻译助手由中国知网提供技术支持，是较为专业的翻译网站，能为外贸人员提供各类专业词汇的翻译。

（2）谷歌翻译可以利用谷歌浏览器，对网页的全部内容进行翻译，且翻译速度非常快。

（3）有道翻译官支持 107 种语言的翻译，支持多种翻译需求和翻译方式，可以拍照翻译、语音翻译、实景 AR 翻译和离线翻译等。

（4）ImTranslator 适合小语种翻译，能快速满足相应小语种客户的需求。一些外贸公司可能缺乏精通小语种的外贸人员，而要求外贸人员在短时间内掌握小语种也不太理想。因此，小语种翻译工具非常重要。

4. 汇率转换工具

外贸人员在成单时必须做到分厘必争，尽量做到不亏损一分一毫，而汇率会直接影响外贸公司的利润。因此，选择合适的出单日期或结汇时机是十分重要的。

XE Currency 转换器是一款权威的货币汇率工具，通过这款工具，外贸人员能随时了解汇率变动情况，避免不必要的损失。图 8-26 所示为 XE Currency 转换器的汇率数据。

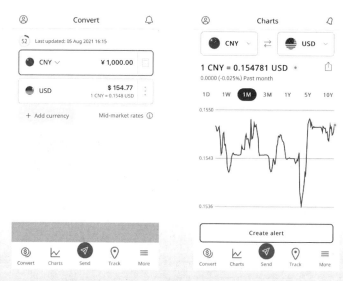

图 8-26　XE Currency 转换器的汇率数据

5. 计算机文件夹

外贸人员几乎每天都要面对很多客户资料、订单资料和公司产品相关信息等，为了将资料整理得更加规范，便于查找和核对，外贸人员可以合理使用计算机的文件夹功能。

首先，外贸人员最好清空或添加一个磁盘，将它完全作为客户资料盘，然后区分不同的市场建立文件夹，如欧洲市场、北美洲市场和南美洲市场等。其次，在对应的市场文件夹中，再建立一个公司名称的文件夹，在此项目下继续建立不同年份的文件夹，最后逐步放入各项资料。如图 8-27 所示，为建立客户资料盘的流程

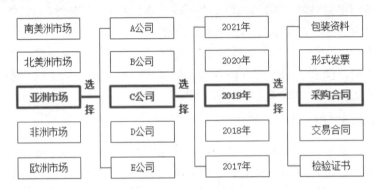

图 8-27　建立客户资料盘的流程

8.3.5　详细做好各项记录和分析

外贸人员不仅要有强大的开发客户的能力，还需要熟练地操作办公软件，进行工作记录、分析和总结。如果外贸业务员对自己的订单业务都不熟悉，那就很难顺利完成工作。因此，详细做好各项记录和分析是非常有必要的，能够大大提升外贸人员的工作效率，具体工作内容如下所述。

1. 客户档案表格

客户档案表格可以理解为客户信息列表，该表格需要准确且清晰地将客户进行分类，按照客户的来源、规模、类型、重要程度和发展阶段等分类整理。外贸人员可以将客户的公司简介、基本信息和联系方式等内容进行列表记录。

2. 快递、样品和收付款等细节

快递和样品细节非常重要，寄给客户的样品与业务订单息息相关，样品的确认将影响到客户最后决定是否下单。如果订单的产品与样品的颜色、原料等规格出现了差错，那么整个订单将会失去作用。

因此，外贸人员需要将样品的细节种类、照片、快递单号、寄样时间和收货时间等信息记录完整，单独整理出一个表格，这也将成为后期跟进客户的重要依据。

记录收付款细节的具体内容有客户应付金额和到账金额、付款时间、手续费和付

款凭证等，以备应对首付款异常问题。记录首付款细节还能帮助外贸人员统计每位客户的合作金额和业绩完成金额，直观地展示工作进度。

3. 客户沟通详细记录表

外贸人员与客户进行沟通的邮件往来信息，全部都需要进行记录，即使是一句话的简短回应。很多外贸人员觉得客户多，做这些工作就很麻烦，甚至觉得多此一举。实际上，客户越多就越要做好这份工作。

当外贸人员需要查询关于订单的信息，而信息在客户发来的邮件中，这就需要把所有的邮件都搜查一遍。若外贸人员使用邮件原文＋翻译，或截图＋文字的方式进行整理，那么很快就可以将信息查找出来。

除了邮件，外贸人员与客户在线聊天、通话的重要内容也需要归纳整理。将关于订单的重要信息整理在表格中，每位客户单独列一份表格。当客户跟进订单细节时，外贸人员只需拿出这份表格，就能对具体情况了如指掌。

第9章

模式转型：转投跨境电商实现转变

学前提示　随着跨境电商的迅速发展，很多传统外贸企业开始尝试转型，逐步走向跨境电商的全球化赛道。传统外贸企业想要转投跨境电商实现转变，首先需要对跨境电商进行了解。

传统外贸企业向跨境电商转型，与其他类型的企业转型一样，很难做到一帆风顺。因此，本章就为大家详细介绍跨境电商的具体内容，帮助大家了解转型的注意事项，充分利用互联网优势，挖掘线上资源。

要点展示
- ▶ 传统外贸转型跨境电商要了解这3点
- ▶ 外贸工厂应该怎么转型跨境电商
- ▶ 发展跨境电商需要突破的4大瓶颈

9.1 传统外贸转型跨境电商要了解这3点

传统外贸一般是指对外贸易,是一个国家(地区)与另一个国家(地区)之间的商品、劳务和技术的交换活动;而跨境电商是基于电子商务和互联网产生的一种新商业模式,是指通过电子商务平台达成交易、进行支付结算,并通过跨境物流送达商品、完成交易的一种国际商业活动。

随着我国电子商务的迅速发展,极大地促进了传统外贸向电商方向转变与升级的进程。很多传统外贸企业为了获得更大的发展空间,都纷纷向跨境电商转型。但在转型前,需要对跨境电商进行全面的了解。

本节将为大家介绍跨境电商的特征、运营模式,以及传统外贸企业转型跨境电商的理由和优势,帮助大家进一步了解传统外贸企业转型跨境电商的有关事项。

9.1.1 了解跨境电商的特征和运营模式

虽然传统外贸模式在整体的进出口活动中是一种主流模式,但就目前的市场而言,跨境电商模式很吸引中小企业的参与。下面就为大家介绍跨境电商的特征和运营模式。

1. 跨境电商的特征

跨境电商(Cross-border Ecommerce)是基于互联网发展起来的,在多维度、全方位的网络空间下,外贸业务的发展空间更加广大。跨境电子商务深受网络空间独特的价值标准和行为模式的影响,其特征如下所述。

1) 全球性(Global Forum)

网络是没有边界的媒介体,具有全球化和非中心化的特点,依附于网络进行的跨境电子商务也因此具有同样的特点。电子商务摆脱了传统交易的地域限制,相较而言具有无边界性。图9-1所示为跨境电商的全球性表现。

```
                    ┌── 互联网用户可以跨国界将产品或服务提供给市场
跨境电商的
全球性表现  ────────┼── 任何人可以在任何时间、任何地点进行联系交易
                    └── 用户可以最大程度共享互联网关于产品的信息
```

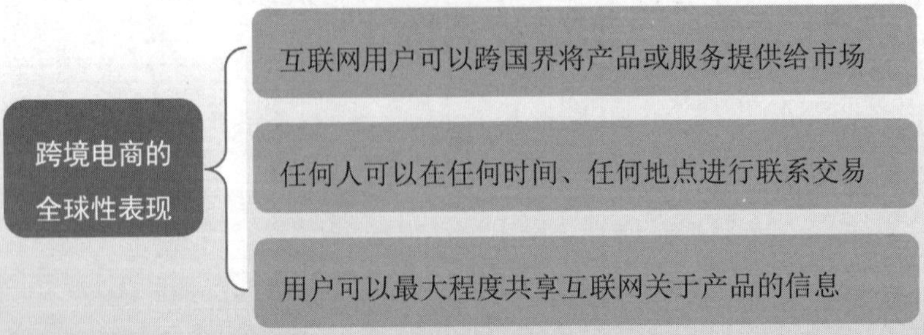

图9-1 跨境电商的全球性表现

但这种远程交易的发展,给税收当局制造了许多困难。税收权力只能严格地在一国范围内实施,网络的这种特性为税务机关对超越一国的在线交易行使税收管辖权带来了困难。

【案例分析】

> 一家规模不大的俄罗斯在线游戏公司,通过一页可供世界各地用户点击进行游戏的网页,在其网页上通过互联网销售相关产品和服务。用户接入互联网并进行消费,但很难界定这一交易究竟是在哪个国家发生的。

2) 无形性(Intangible)

数字化产品和服务的传输由于互联网的发展而盛行,数字化传输是通过不同类型的媒介,例如数据、声音和图像在全球化网络环境中集中而进行的,这些媒介在网络中是以计算机数据代码的形式出现的,因此是无形的。

数字化产品和服务基于数字传输活动的特性也必然具有无形性。简单来说,传统交易是以实物交易为主,而在电子商务中,无形产品却可以替代实物成为消费者交易的对象。

以书籍为例,传统的纸质书籍,其排版、印刷、销售和购买被看作是产品的生产、销售过程。然而在电子商务交易中,消费者只要购买网上的数据权便可以使用书中的知识和信息。

3) 匿名性(Anonymous)

由于跨境电子商务的非中心化和全球性的特性,电子商务消费者的身份和其所处的地理位置很难进行识别。在线交易的消费者往往不会透露自己的真实身份和地理位置,即使这样也这丝毫不影响交易。

4) 即时性(Instantaneous)

对于互联网而言,信息传输的速度和地理距离无关。传统交易模式下的信息交流方式,如信函、电报和传真等,在信息的发送与接收之间,存在着长短不同的时间差。

而电子商务中的信息交流,无论实际时空的距离远近,A 发送信息与 B 接收信息几乎是同时的,就如同在生活中面对面交谈。某些数字化产品的交易,如音乐、电影和软件等,可以即时清结,瞬间完成订货、付款和交货手续。

5) 无纸化(Paperless)

电子商务主要是采用无纸化操作的交易方式,计算机通信记录取代了一系列的纸面交易文件。电子信息以比特的形式体现和传送,整个信息发送和接收过程实现了无纸化。无纸化带来的积极影响是使信息传递摆脱了纸张的限制,但传统法律的许多规范是以规范"有纸交易"为出发点的。

总的来说,跨境电商作为推动经济一体化、贸易全球化的主要技术基础,具有十分重要的战略意义和作用。跨境电商不仅冲破了国家间的障碍，使国际贸易走向无国界贸易，同时它也正在引起世界经济贸易方式的巨大变革。图 9-2 所示为跨境电商的积极意义。

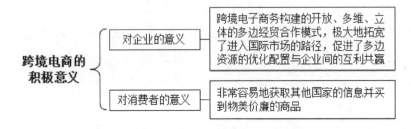

图 9-2 跨境电商的积极意义

2. 跨境电商的运营模式

跨境电商与传统外贸运营模式的最大不同之处，就在于跨境电商所有的交易基本都是通过互联网完成的，包括产品展示、买家下单、买家付款和卖家发货等。跨境电商的运营模式可以根据交易类型和经营主体划分为两类，如图 9-3 所示。

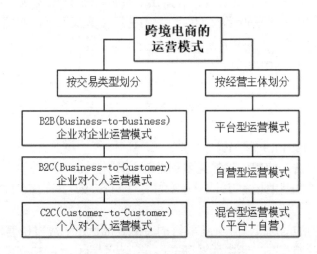

图 9-3 跨境电商的运营模式

1）按交易类型划分

跨境电商运营模式按照交易类型划分，主要可以分为 3 种，具体内容如下所述。

（1）B2B(Business-to-Business)企业对企业运营模式。B2B 是指企业与企业之间使用互联网技术和各种商务网络平台，完成商务交易的过程。B2B 网站或移动平台通过为消费者提高物美价廉的商品，在吸引消费者购买的同时，也能促使更多商家入驻。

B2B 平台为消费者购买商品提供保障的硬性条件之一，就是与物流公司达成合作，物流配送是跨境电商最重要的核心环节。使用 B2B 模式的平台有阿里巴巴国际站、敦煌网和中国制造网等，图 9-4 所示为阿里巴巴国际站官网。

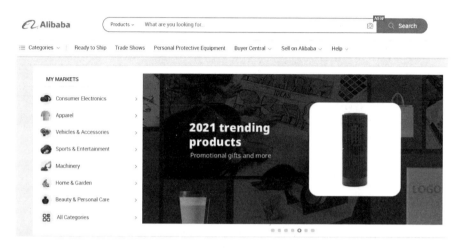

图 9-4　阿里巴巴国际站官网

(2) B2C(Business-to-Customer)企业对个人运营模式。B2C 是指企业直接面向消费者销售产品和服务的零售运营模式，B2C 平台主要由 3 部分组成，如图 9-5 所示。

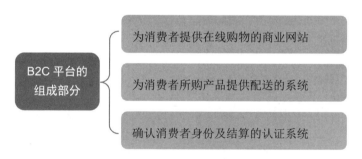

图 9-5　B2C 平台的组成部分

B2C 的优势在于产品采购价格低、品类丰富，琳琅满目的产品能够以便宜的价格吸引消费者的注意力；并且物流统一，能够快速将产品送至消费者手中。但 B2C 盈利微薄，前期投入过高，不太适用于公司规模不大的创业者。使用 B2C 模式的平台有蜜芽 App、天猫国际和网易考拉等，图 9-6 所示为蜜芽 App 的界面图。

(3) C2C(Customer-to-Customer)个人对个人运营模式。C2C 简单来说，就是消费者 A 通过网络交易，将产品卖给消费者 B。对于卖家而言，C2C 买手模式拥有众多的数量，但售后客诉量也非常巨大，使用 C2C 模式的平台有速卖通、京东全球购和亚马逊等。

图 9-6 蜜芽 App 的界面图

2）按经营主体划分

传统外贸企业想要更顺利地进入跨境电商行业，就要了解跨境电商运营模式按照经营主体划分的具体情况。图 9-7 所示为按经营主体划分的 3 种跨境电商模式。

图 9-7 按经营主体划分跨境电商模式

9.1.2 传统外贸企业为什么要做跨境电商

随着国内日益激烈的市场竞争和跨境电商的迅速发展，以及国际物流的科技进步，海外市场进一步向国内制造业打开了大门。下面就从外部因素和内部因素两个方面，为大家介绍传统外贸企业做跨境电商的理由。

1. 外部因素

近年来，随着国家不断调整跨境电商政策、完善物流供应链和支付体系，涉足跨境电商的传统企业和消费者队伍不断扩大，消费者的消费方式已经从"出国游，全球买"转变为"在国内，买全球"。

中国跨境电商行业蓬勃发展，占出口总额的比重逐年上升，已经成为推动外贸增长的重要力量。影响传统外贸企业转型跨境电商的外部因素主要有两点，具体内容如下所述。

1) 国家发展的影响

我国经济的飞速发展，为各行各业带来了众多的机会，但对于传统行业而言，如果不随着世界经济的格局而变化，那么存在的优势将会逐渐减少。中国庞大的劳动力为传统制造业的发展带来了很多优势条件，但随着我国的经济发展，人力成本逐渐增加，东南亚发展中国家的劳动力成本优势逐渐凸显。

因此，很多国际品牌开始转移阵地，我国传统制造工厂的货单量也开始变少，外贸货源随之下降。

2) 价格战的影响

中小企业生产工艺、原料渠道受到限制，就会导致严重的产品同质化，无法建立起竞争优势，企业要留住客户必然产生价格战。

在国际市场上，我国的外贸企业经常会出现恶性的低价竞争，这种损害自身利益的竞争方式不但违反了国际贸易法律，同时也扰乱了市场秩序，使本来就处境艰难的传统外贸企业更加举步维艰。

2．内部因素

传统外贸企业需要结合自身的实际状况，增强创新和变革意识，响应国家的号召，顺应市场的需求，才能更好地推动企业发展。影响传统外贸企业转型跨境电商的内部因素主要有 6 点，具体内容如下所述。

1) 提高企业竞争力

在传统的外贸模式当中，外贸企业从工厂拿到货之后，产品需要经过境外进口商、境外批发商以及境外零售商等众多中间环节，才能到达消费者手中。但通过 B2B 或 B2C 模式的跨境电商平台，外贸企业可以将商品直接销售到消费者或者零售商的手中。这样不仅提高了自己的利润，还能降低价格增强竞争优势。

2) 开拓业务渠道

国内的线上线下零售市场竞争激烈，基本上已经没有传统企业新卖家的容身之处。因此，转型为国内电商的成功性微乎其微，传统外贸企业想要开拓业务渠道，无国界的跨境电商模式必然能提供更多的机会。

除此之外，跨境电商互联网能够弥补中、小型传统外贸企业的短板，它对体量、成本和运营技巧没有过多要求，中、小型传统外贸企业也可以在原有的基础条件上快速拓展业务销售渠道。

3) 打造自主品牌

传统外贸企业通过跨境电商渠道可将大部分产品的"生命线"掌握在自己手中,产品的研发、生产、销售,以及销售利润也能自己把控。传统外贸企业拥有强大的供应链,做跨境电商比纯电商具备天然优势。

跨境电商可以借助互联网的力量逐步树立自主品牌,打造品牌形象,获得品牌溢价,实现更加长远的国际化发展。图 9-8 所示为厦门市商务局鼓励培育外贸自主品牌的通知。

厦门市商务局关于公布2021-2022年度厦门市外贸自主品牌培育企业的通知

发布时间:2021-08-03 08:40

各有关企业:

　　为进一步增强外贸发展内生动力,加快培育本地外贸自主品牌,根据《厦门市商务局外贸自主品牌培育三年(2021-2023)行动方案》(厦商务规〔2021〕3号)的有关要求,经过初审推荐、复审确认及网上公示,现认定厦门亿联网络技术股份有限公司等31家企业为2021-2022年度厦门市外贸自主品牌培育企业,其中出口优秀品牌企业12家、出口成长品牌企业8家、出口初创品牌企业11家。

　　现将2021-2022年度厦门市外贸自主品牌培育企业名单予以公布,有效期为2021年1月1日至2022年12月31日,有效期内可享受相关扶持措施。

　　附件:2021-2022年度厦门外贸自主品牌培育企业名单

厦门市商务局
2021年7月29日

图 9-8　厦门市商务局鼓励培育外贸自主品牌的通知

4) 提升产品利润率

跨境电商可以直接向消费者销售商品,没有中间商赚差价,自然减少了一项中间费用。在亚马逊经营服饰的卖家 A 表示,如果做外贸贴牌订单可以获得 15%~20% 毛利率,那么通过做跨境电商,毛利率则可能上涨到 40%。和线下销售相比,跨境电商的优惠更多、竞争力更强,用户购买率也更高。

5) 提升资金周转率

对于传统外贸企业来说,一笔订单的回款一般需要 2~3 个月,甚至 3~4 个月。而跨境电商可以两周回一次款,产品一旦卖出,很快就能把货款收回来,这极大地缓解了现金流压力,降低了资金风险。

6) 降低经营风险

当下很多传统外贸企业遇到困难,最主要的原因就是销售渠道过于单一。海外产品和品牌多采用核心技术在本土、末端生产在中国的模式,中国传统外贸企业参与跨境电商,可以帮助行业拓展销售渠道,加强企业竞争力,降低经营风险。

9.1.3 传统外贸企业转型跨境电商的优势

我国的传统制造业一直处于国际领先地位，不管是农业产品还是工业产品，也无论是低端产品或高端产品，传统外贸企业都有能力进行生产制造。与国际上的同类产品相比较，我国传统外贸企业生产的产品主要有 3 大优势，具体如下所述。

1. 价格优势

在传统的贸易模式中，中国的外贸代工厂以国际一流的成本管理方法，将产品的出厂价格控制到了极致，让海外订货商获得了大部分的利润，留给自己的实际利润只占小部分。

如今，这也成为传统外贸企业转型跨境电商的优势。如果海外的线下销售商将产品卖到 40 美元，而外贸企业直接跨境销售，同样卖 40 美元，就能获得比采购商更高的利润率。即使是同样的利润率，外贸企业也可以用更低的定价去参与竞争。这种工贸一体化的成本模式，特别适合新品牌杀入市场，抢夺市场份额。

2. 技术优势

在海外品牌订单多年的严苛训练下，中国传统外贸制造业已经具备了很强的产品制造能力。产品的生产技术、品控能力和柔性生产能力，都已达到较高水准，对行业内标杆产品也有深入认知。

作为产品设计、落实制造的实际执行方，一流的外贸企业通常也具备一定的研发能力，特别是制造链末端最接近成品的应用型研发。凭借超高的技术能力和面对市场的快速反应，产品也能很快获得海外消费者的认可。

3. 产品优势

传统外贸企业转型做跨境电商的特有优势，更重要的是体现在货源方面。现在很多跨境电商卖家开始提供个性化定制服务，而传统外贸企业通常有自己的工厂或合作工厂。一方面，传统外贸企业可以保证产品的质量；另一方面，还可以自主研发设计产品，通过推出定制服务来增加产品的附加值。

以前传统外贸工厂是大批量接单，生产时间短则 1~3 个月，甚至需要半年时间慢慢生产。而现在如果转变为小规模生产，传统外贸企业则具有相当大的优势。

9.2 外贸工厂应该怎么转型跨境电商

外贸工厂怎么转型跨境电商？这也许是大部分外贸人员都有的疑问。很多外贸工厂都遇到行业的困境，例如外贸大单越来越少、碎片化的订单越来越多，这给生产带来了很多的麻烦，不仅销售利润不高，生产订单也不稳定。

此外，外贸工厂看到了跨境电商的火爆行情，大都跃跃欲试。但是外贸工厂老板们需要看清楚两者的区别，跨境电商和纯对外贸易的运作方式并不相同。原来的外贸工厂只需按照客户的要求生产产品，而跨境电商除了需要把控产品之外，还需要直面客户进行产品运营。

专业的工作需要专业的人做，外贸工厂想要转型为跨境电商，首先要系统了解和学习其中的窍门。本节将从 6 个方面出发，为大家介绍外贸工厂转型跨境电商需要解决的重要问题，帮助大家攻克转型难题。

9.2.1 制度建立和优惠政策

外贸工厂转型跨境电商之路，虽然在技术、流量和人才方面存在一些欠缺，但从国家政策倾斜上来看，仍具有一定优势。我国政策鼓励进出口企业加入跨境电商行业，加剧跨境领域的竞争态势。

对于传统进出口企业和零售商来说，跨境电商拥有巨大的市场。而国家也在制度建立和优惠政策两个方面加大了对跨境电商的扶持和支持力度。

1. 管理政策方面

外贸工厂想要转型跨境电商，在管理政策方面需要明确 4 个方面的内容，分别是在申请资格方面的规定、在支付和结售汇额方面的规定、明确交易业务范围和开放顺序，以及出台相应的外汇管理办法，具体内容如下所述。

1) 申请资格方面的规定

我国建立了跨境电子商务主体资格登记制度，对于从事跨境电子商务的境内主体（个人除外）来说，必须按照要求在外汇局办理相关信息登记后，才能进行跨境电子商务交易。

2) 支付和结售汇额方面的规定

对于跨境电商来说，拥有完善的线上支付系统是十分必要的。可以说，线上支付是跨境电商发展的决定性条件。

我国在支付机构的外汇业务经营资格、业务范围和外汇业务监督等方面有严格的规定，参照外汇指定银行办理结售汇业务市场准入标准，建立了跨境支付业务准入机制，对具备一定条件的支付机构，给予结售汇市场准入资格。

我国的支付机构在一定范围内被赋予代位监管职能，建立银行与支付机构责任共担机制，形成多方监管、互为监督的监管格局。

3) 明确交易业务范围和开放顺序

结合我国外汇管理体制的现状，我国跨境电商及支付遵循先经常性项目，后资本性项目；先货物贸易后服务贸易再至虚拟交易；以及先出口后进口的顺序逐步推进的原则。图 9-9 所示为跨境电商支付服务的注意事项。

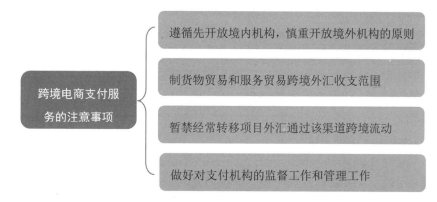

图 9-9 跨境电商支付服务的注意事项

4) 出台相应的外汇管理办法

我国将跨境电子外汇业务纳入监管体系，在人民银行《非金融机构支付服务管理办法》的基础上，适时出台了《跨境电子商务及电子支付外汇管理办法》，对跨境电子商务主体资格、真实性审核职责、外汇资金交易性质、外汇数据管理、外汇收支统计等作出统一明确的管理规定。

2. 业务操作方面

外贸工厂想要转型跨境电商，在业务操作方面需要弄清 4 个方面的内容，分别是纳入外汇主体监管体系、有效统计与监测数据、规范申报主体和申报方式，以及规范外汇备付金管理，具体内容如下所述。

1) 纳入外汇主体监管体系

将跨境电子商务及支付交易主体纳入外汇主体监管范畴，可以充分利用现有主体监管机构实行分类管理，实现由行为监管向主体监管的转变。想要落实到位，需要做到以下 3 点。

(1) 境内交易主体为法人机构时，外汇局应依据已公布的机构考核分类结果，有区别地开放跨境电子商务范畴。电子支付机构在为电商客户办理跨境收支业务时，应先查询机构所属类别，再提供相应跨境电子支付服务。

(2) 境内交易主体为个人时，除执行个人年度购结汇限额管理规定外，支付机构还要健全客户认证机制，对属于"关注名单"内的个人应拒绝办理跨境电子收支业务。

(3) 将支付机构纳入外汇主体监管范畴，实行考核分类管理。

2) 有效统计与监测数据

开办电子商务贸易的境内机构无论是否通过第三方支付平台，均需开立经常项目外汇账户办理跨境外汇收支业务，对办理跨境电子商务的人民币、外汇收支数据需标注特殊标识，以便于对跨境电子商务收支数据进行统计与监测。

同时，在个人结售汇系统未向电子支付机构提供接口的前提下，支付机构可采取先购结汇再由补录结售汇信息的模式。外汇局要加强对跨境电子商务外汇收支数据的统计、监测、管理，定期进行现场检查，以实现现场与非现场检查相结合的目标，增强监管力度。

3) 规范申报主体和申报方式

在境内交易主体为法人机构的方式下，国际收支统计申报主体应规定为法人机构，申报时间为发生跨境资金收付日，申报方式由法人机构主动到外汇指定银行进行国际收支申报。

在境内交易主体为个人的方式下，建议申报主体为支付机构，由其将当日办理的个人项下跨境外汇收支数据汇总后到银行办理国际收支申报，并留存交易清单等相关资料备查。

4) 规范外汇备付金管理

明确规定电子支付机构通过外汇备付金专户存取外汇备付金。外汇局要规范外汇备付金专户外汇收支范围，将专户发生的外汇收支数据纳入外汇账户非现场监管体系进行监测。

专家提醒

建议将外汇备付金归属于资本项下进行管理，收取外汇备付金的支付机构需定时向外汇局报送备付金收支情况，并将其纳入外汇指定银行外债指标范围。

9.2.2 解决资金和产品的问题

外贸企业新开展电商业务，或者新创业人员做跨境创业尽管得到了政策方面的诸多支持，但仍有很多限制因素在发挥作用，诸如缺少经验、缺少资金、对跨境电商平台规则不熟悉等，这些问题都是做好跨境电商的主要障碍。

接下来将针对传统外贸企业在转型跨境电商过程中可能遇到的资金、产品选择问题，以及流量、平台等问题进行介绍。

1) 资金

做跨境电商首先需要解决的就是资金问题，目前做跨境电商者通常包括以下几类：

外贸 SOHO 创业者、传统外贸企业、以前做天猫淘宝的电商，还有想直接做跨境电商的外贸新人。

做任何生意必须先要投入，在跨境电商投入方面区别很大，应视个人情况区别看待。一般对于外贸新人来说，5 万～10 万元人民币的资金储备投入应该是必需的。目前，跨境电商创业主要的投入重点是选择货品货源、团队建设和店铺运营推广成本（直通车推广、Google 推广等费用）。

2）产品

做好产品品类的选择工作，是做好跨境电商的重要前提。因为选择一种市场潜力巨大的品类就意味着已经成功了一半。对于跨境产品品类的选择，首先要做的是多看数据、多做市场调研工作。

专家提醒

以速卖通关键词工具为例，关键词工具本来是速卖通直通车让卖家更好地做好直通车的工具，跟淘宝直通车的玩法类似。跨境电商从业者可以利用关键词工具的核心数据，精准地找到适合自己的跨境产品品类。

那么该如何选择产品呢？最主要的是关注 3 类关键词，如图 9-10 所示。

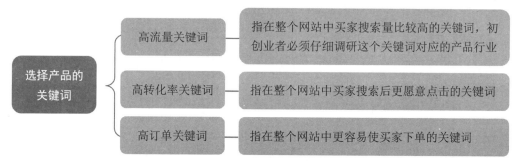

图 9-10 选择产品的关键词

除此之外，跨境电商创业者还必须关注和留意的核心数据是竞争度指标，从这个直通车的竞争度指标可以了解到速卖通平台卖家竞争的程度。同样的道理，关键词竞争越激烈行业竞争越激烈，如果创业者要进入这个行业，就应该仔细审核自己的优势，在深思熟虑后再选择某品类。

还有一种选品方法就是利用蓝海关键词。蓝海关键词指的是 30 天内搜索热度高的产品品类，搜索量大说明市场空间巨大。根据市场竞争力及自己的核心优势，如货源，运营优势和团队优势等因素，选择适合自己的蓝海产品品类。

9.2.3 解决流量的问题

自从电子商务兴起以来，流量就成了决定电商兴衰的首要影响因素，成为扼住电商生存和发展的一只看不见的手。尽管电子商务经历了多个发展阶段，但真正起着决定作用的就是流量。没有流量就没有客户量，这是电商的生命线。

那么，如何解决流量问题呢？纵观最近两年的发展趋势，至少得做好两个方面的工作，一方面是线上，另一方面是线下。但是这个"线上线下"却不同于以往开通网店，或者开实体店那么简单，需要线上线下全方位结合。简而言之，就是线上做好社交，线下做好体验，一切从消费者利益出发，让消费者决定生产和消费。

1) 线上社交——挖掘线上流量

如今是社交时代，市场开放化程度越来越高，电商化的商品供应越来越充分，商品信息"泛滥"。消费者的需求正在从以往只求获取信息的层面向筛选信息层面转变，这个时候线上社群便成为电商获取流量的主要入口。

所谓的线上社群，是大家基于同一个爱好、习惯或生活方式而聚集在一起进行交流的一种模式。正是由于有了共同的兴趣，社交、信息才更容易以空前的信息量、速度传播、扩散，尤其是其中知名度较高的大咖、达人，其巨大的曝光量有力地推动着电商品牌的建立和消费者对企业、产品的认知。

【案例分析】

3C 类社区也是一个典型的社交网站，目前能看到越来越多的时尚 3C 配件案例。通过 3C 类社区发布新品评测贴引流的，这类网站很多拥有过百万的粉丝，引流能力突出，持续引流则需要不断地有新功能和产品设计发布。

专家提醒

线上社交是引流传播的关键点，重点在于唤醒客户，这对于品牌引流的转化率势必会提高。对于没有领导型品牌额度的，则可以在话题和产品卖点上做文章，以切中消费者的引爆点。

2) 线下体验店——开辟线下的流量入口

当电商开辟线上流量的同时，各路企业纷纷借自贸区"东风"开设跨境电商体验店。跨境电商体验店开始崭露头角，与消费者进行面对面的亲密接触。

尤其是一些小型跨境电商企业，与天猫国际、京东、洋码头等众多知名跨境电商平台相比，市场知名度低，依靠线上无法获得巨大的流量。在这种情况下只能另辟蹊径，希望通过开通线下跨境电商体验店求得发展。如图 9-11 所示，为跨境电商线下体验店。

> **专家提醒**
>
> 跨境电商体验店借助邮税比一般贸易税优惠 30%左右，且 50 元以下免征的优势，直接把商品送到了消费者身边。相当于用电子商务直接为消费者降低了关税。
>
> 建立实体体验店，支付方式以电子商务支付的方式进行支付，和传统购买境外商品比较，要便宜很多。有了价格优势，自然可吸引大量顾客。

图 9-11 跨境电商线下体验店

需要注意的是，跨境电商体验店的运营模式不同于纯电商或线下实体零售品牌，它既融合了纯电商的口碑传播，又融合了线下实体门店的直观体验。因此，相较于内销型电商平台，其对于品牌的运营能力、供货渠道和产品质量等各方面要求更高。

9.2.4 解决供应链的问题

快速发展的跨境电商给企业带来了巨大的压力，不仅仅是销售产品，还要为客户和消费者提供满意的服务，从而提高客户的满意度。

而要更好地获得客户满意度，真正赢得客户的青睐和忠诚，就需要持续提高为客户提供质量过硬、良好服务的能力。持续的供应能力与供应链的完整程度息息相关，因此，整合供应链成为跨境电商企业必须解决的一大难题。

供应链问题是所有跨境电商遇到的共同问题。从天猫国际、京东海外购、唯品会和网易考拉等平台的交易数据来看，各家都不满意。

1. 什么是供应链管理

所谓供应链管理(Supply Chain Management，SCM)，是指为满足一定客户服务水平，通过计划、采购、制造等手段，把供应商、制造商、仓库、配送中心和渠道商等有效地组织在一起，进行产品制造、转运、分销及销售管理的一种体系，以使整个供应链系统成本最小化，效益最大化。

随着电子商务的蓬勃发展，以及国家政策、资金的大力支持，国内兴起了一大批供应链企业和平台。这些平台可以为跨境电商提供各种供应链服务，笨土豆电商如图9-12所示。

图 9-12　笨土豆电商官网

2. 为什么实施供应链管理

与传统的物流管理相比，供应链管理在存货方式、货物流、成本、风险、计划及信息流、组织间关系等方面有显著的区别，这使得供应链管理比传统的物流管理更具优势，更具活力。

1) 存货及供货物流

从存货及供货物流的角度来看，在供应链管理中，存货管理是在供应链成员中进行协调，以使存货投资与成本最小，而传统的物流管理则是把存货向前推或向后延，具体情况是根据供应链成员谁最有主动权而定。

事实上，传统的物流管理把存货推向供应商并降低渠道中的存货投资，仅仅是转移了存货。解决这个问题的方法是通过提供有关生产计划的信息，比如共享有关预期需求、订单、生产计划等信息、减少不确定性，并使安全存货降低。

2) 成本

从成本方面来看，供应链管理是通过注重产品最终成本来优化供应链的。这里提到的最终成本是指实际发生的到达客户时的总成本，包括采购时的价格及送货成本、存货成本等。而传统的物流管理在成本的控制方面依然仅限于公司内部，只有在公司内部最小化即可视为实现预期目标。

3) 风险

风险与计划是供应链管理区别于传统物流管理两个重要的环节。在供应链管理中，风险与计划都是通过供应链成员共同分担、共同沟通来实现的，而传统的物流管理却仅仅停留在公司内部。

在组织关系方面，供应链管理中各成员是基于对最终成本的控制而达成合作，而传统的物流管理则基于公司内部降低成本。

4) 信息流、组织间关系

要成功地实施供应链管理，各供应链成员之间必须信息共享；而要做到开诚布公的信息分享，对于追求不同目标的企业来说，实在不是一件容易的事情，尤其是当一家企业与其众多的竞争对手均有合作的情况下。

3. 如何实施供应链管理

供应链管理是一个整体性、系统性非常强的生物链条，涉及供应商、制造商、仓库、配送中心和渠道商等各方，各方的关系如图 9-13 所示。

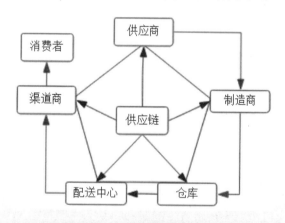

图 9-13 供应链管理关系图

该链条实现了综合管理，包括运用计划、采购、制造、配送和退货等 5 大管理手段。5 大管理手段具体内容，如图 9-14 所示。

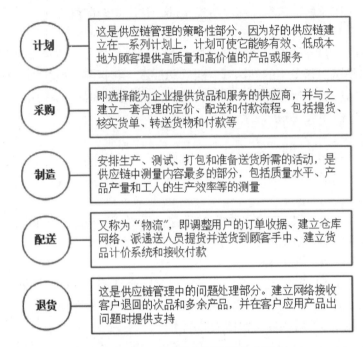

图 9-14　5 大管理手段具体内容

综上所述，要想将供应链的作用发挥到最大，并可时刻满足企业的供应需求，管理人员就必须做好两个方面的工作，一方面整合供应商、制造商、仓库、配送中心和渠道商等各方的资源；另一方面做好计划、采购、制造、配送等基础性的管理工作。

9.2.5　解决支付系统的问题

随着跨境支付市场的不断扩大，跨境电商收付汇、结售汇问题成为制约跨境电商进一步发展的因素。随着跨境电商政策的进一步开放，在跨境电商高速增长的刺激下，网上支付需求日益强烈，尤其是第三方支付的应用大大提升了境外购物时支付的交易效率，实现了快速发展。

1. 支付系统的种类

目前，在跨境支付市场中，跨境电商使用较多的支付系统大体可分为 3 种，分别为第三方支付平台、商业银行与专业汇款公司。跨境电商正是通过这 3 类支付系统完成其支付业务。具体内容如图 9-15 所示。

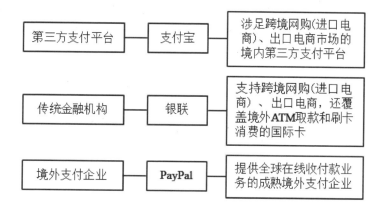

图 9-15 支付系统的种类

2. 选择合适的支付系统

跨境电商的发展离不开在线支付系统的支持,但对于企业来讲,需要选择一种适合自己的支付系统,或者采用至少确定以某一种为主,其他为辅的综合性策略。在支付系统的选择上首先要看大趋势,目前运用比例最高的是第三方支付系统。

第三方支付方式有望成为主要的支付方式,主要有两个原因。

(1) 自身的优势非常明显,操作简单、安全便捷,无金额限制。

(2) 与国家鼓励三方支付系统参与的政策有关,随着第三方支付机构的业务扩张和监管部门对其相关外汇业务进行规范性松绑,支付的汇兑难题将得到解决。第三方支付可为跨境电商企业提供更加阳光的资金交易通道。

9.2.6 解决平台的问题

平台解决的是进货、出货或者获取相应服务的问题,电商最主要的就是依托强有力的平台,尤其是在目前市场竞争日益激烈,很多电商开始寻求多平台综合运营的背景下。很多大的跨境电商平台发展很多年了,且有自己发展的特色和优势,所以选择多平台同时运营的策略也是有必要的。

平台从买卖的业务类型上分,可分为进口平台和出口平台;从业务性质上分,可分为货物平台、销售宣传平台和服务平台。站在出口的角度来看,需要重点关注进口平台、销售宣传平台和服务平台。

1. 进口平台

所谓的进口平台就是选择合适的供应商渠道,供应商选择不好后期创业者的经营风险会很大。在选择供应商的时候,跨境电商必须注意 4 个问题,如图 9-16 所示。

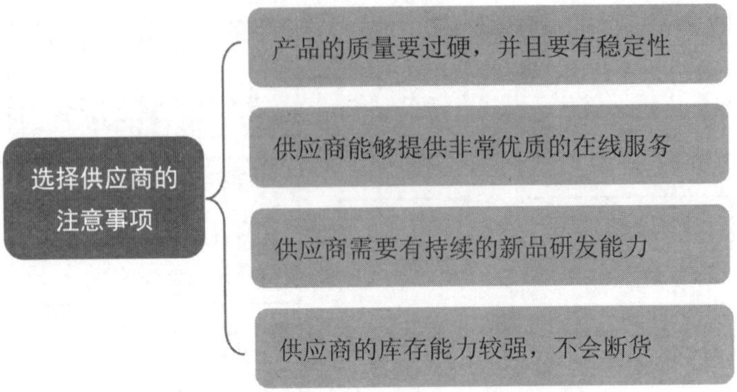

```
选择供应商的
注意事项
```
- 产品的质量要过硬,并且要有稳定性
- 供应商能够提供非常优质的在线服务
- 供应商需要有持续的新品研发能力
- 供应商的库存能力较强,不会断货

图 9-16 选择供应商的注意事项

2. 销售宣传平台

跨境电商与国内的电商一样,商品要想走向市场,就需要被消费者所认知。依托于某个平台非常重要,如速卖通、亚马逊、eBay(易贝,线上拍卖、购物网站)等。

【案例分析】

阿里巴巴旗下的速卖通是运用最多、大家最熟悉的跨境电商平台,阿里巴巴的上市让速卖通真正具有了全球影响力,交易一直非常活跃,拥有海量的选品。

速卖通秉承了阿里系的优秀传统,在后台界面、操作流程、运营技巧方面跟淘宝的运营有异曲同工之妙。对于外贸新人而言,通过阿里巴巴的速卖通最容易上手做跨境电商。

第二个推荐的平台就是亚马逊,亚马逊可以说是跨境电商真正的蓝海。为什么这样说呢?因为相对于速卖通和 eBay,在亚马逊做跨境电商的中国卖家其实并不多,而且更利于新人。比如只需要具备外币支付功能的信用卡就可以开店了。

而且亚马逊搜索排名也对新卖家有一定的扶持优势,最重要的是亚马逊的主流目标客户群体大部分都是美国和欧洲客户,很容易开发这个区域真正的优质客户资源。

eBay 网站的流量非常大,网站的客户群体也非常稳定,同样非常适合中小型的中国卖家。但是 eBay 最大的问题在于他们的政策有很大的偏向性,而且经常变化莫测。

案例中分析了目前国内外最活跃的 3 个平台,可以打造一个以速卖通为重点,亚马逊和 eBay 为"两翼"的组合平台,这样的组合或许会有意想不到的收获。或者可以根据自己的特点如店铺定位、产品定位和价格策略等灵活搭配。

单一平台运营和多平台运营就运营成本来说是类似的,但是多平台运营可以给电商带来流量上的优势,而且每个跨境平台上的目标市场国家、目标客户都有区别。

3. 服务平台

服务平台多是政府部门或外贸相关部门设立的,目的在于为跨境电商企业或个人提供分送集报、结汇退税、资格审核、监管、使用注意事项等服务。服务平台不是指一个平台,它是集海关、政府和企业三方于一身的系统。

跨境电商通关服务平台、公共服务平台和综合服务平台,是从 3 个不同层面出发建设的平台。通关服务平台对应的是海关,公共服务平台对应的是政府,综合服务平台对应的是企业。

这 3 种平台之间相互联系,形成信息数据之间的统一交换和信息的层层传递。就目前行业发展趋势看,无论是跨境企业或是个人卖家,都需要对这些平台进行了解,也许未来会成为跨境电商新监管时代的生存制胜法宝。

1) 跨境电商通关服务平台

顾名思义,这种平台是为外贸企业进出口通关提供便利服务的系统平台。地方海关为鼓励跨境电商发展各自为政,政策分散导致通关流程各不相同。海关总署建设全国统一版的通关服务平台,可以统一报关流程。该平台所上传的数据可直接对接海关总署内部系统,节省报关时间,提升通关效率。图 9-17 所示为跨境电商通关服务平台的 3 要素。

服务对象: 传统中小型外贸企业、跨境进出口电商企业
监管部门: 海关总署、地方海关
注意事项: 货物通关采用"三单对比"的方式进行监管。"三单"指电商企业提供的报关单、支付企业提供的支付清单、物流企业提供的物流运单,"三单"数据确认无误后即可放行

图 9-17 跨境电商通关服务平台的 3 要素

2) 跨境电商公共服务平台

"公共服务"的含义具有双向性,一方面为各地政府的职能部门之间搭建公共信息平台,另一方面是服务于大众(主要是指外贸企业)。阳光化的外贸环节较多,涉及国检(检验检疫)、国税(纳税退税)、外管局(支付结汇)、商委或外经贸委(企业备案、数据统计)等政府职能部门及银行结汇等。

跨境电商行业因其碎片化订单的特殊性,如每笔订单都重复与职能部门对接将成为极其繁重的工作。因而由政府投资兴建公共服务平台成为解决这些问题的根本手段。图 9-18 所示为跨境电商公共服务平台的 3 要素。

服务对象：传统中小型外贸企业、跨境进出口电商企业
监管部门：国检局、国税局、外管局、外经贸委、商委和经信委等政府职能部门
注意事项：与通关服务平台相同，地方性公共服务平台也普遍采用"三单对比"的方式进行监管，"三单"手续齐全并监管认可，才可享受正常的结汇退税

图 9-18　跨境电商公共服务平台的 3 要素

3) 跨境电商综合服务平台

其"综合"的含义囊括了金融、通关、物流、退税、外汇等代理服务。跨境贸易的链条很长，涉及的操作环节也很多，对于传统中小外贸企业和个人卖家来说难以吃透且工作量极其繁重。综合服务平台的出现可以一站式解决这部分人遇到的外贸问题，是真正服务于基层的平台。图 9-19 所示为跨境电商综合服务平台的两要素。

服务对象：传统中小型外贸企业、中小型跨境电商企业、跨境电商平台卖家
注意事项：综合服务平台一般由企业投资建设，注意选择具有品牌公信力的大型跨境电商企业建设的平台。这些平台的功能更齐全，解决问题的能力更强，最重要的是服务更有保障，可以避免不必要的风险

图 9-19　跨境电商综合服务平台的两要素

9.3　发展跨境电商需要突破的 4 大瓶颈

跨境电商已经成为我国外贸出口的"新亮点"，随着网络强国战略的实施，以及国家政策对跨境电商扶持力度的大幅提高，交易规模持续扩大，在进出口贸易中所占比重越来越高。这也预示着我国跨境电商发展将迎来黄金时代。

但由于市场机制的不成熟，相关制度的不完善，以及我国外贸商品结构单一等，跨境电商仍处于初级阶段，在整个发展过程中仍会受到的诸多主、客观因素的制约。跨境电商需要突破的瓶颈主要有 3 个，本节就为大家具体介绍。

9.3.1　成本的控制

与传统外贸不同，跨境电商呈现出小金额、多批次和高频率的特征，大都采用航空小包、邮寄、快递等方式运送。这就使长期形成的传统贸易通关方式不再适合跨境

电商。

【案例分析】

> 青岛、广州、南京和厦门等城市开通了跨境电子商务直购进口业务。"直购进口"接近于"海淘"概念，但又不同于海淘。
>
> 与传统"海淘"相比，跨境电商直购进口税费信息透明、通关时间短，并且购买平台均经合法注册备案，商品的质量、售后等得到了保障。

目前的现状是我国大多数小企业没有进出口经营权，又没有报关单，结汇、退税等业务都难以操作。对此，部分地区已经着力进行了改革，控制跨境电商成本的措施，如图 9-20 所示。

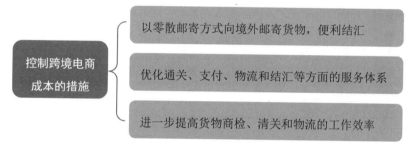

图 9-20　控制跨境电商成本的措施

9.3.2　管理的完善

跨境电商缺乏管理和监管的原因，源于它的定位没有明确的归属。从交易形式上看，纯粹的电子交易应属于服务贸易范畴，国际上也普遍这么认为，可归入 GATS(General Agreement on Trade in Services，服务贸易总协定)的规则中按服务贸易进行管理。

而如果只是通过电子商务方式来完成定购、签约，或者整个交易过程某个环节的话，则又应归入货物贸易范畴，属于 GATT(General Agreement on Tariffs and Trade，关税及贸易总协定)的管理范畴。

此外，对于特殊的电子商务种类，既非明显的服务贸易也非明显的货物贸易。如通过电子商务手段提供电子类产品(如文化、软件和娱乐产品等)，国际上对此类电子商务交易归属服务贸易或货物贸易仍存在较大分歧。

【案例分析】

> 国家外汇管理局曾在在浙江和福建进行试点，允许以商业单据代替报关单作为结汇的依据，取得了比较好的效果。

目前，在上海、重庆、杭州、宁波、郑州、广州、深圳等试点城市开始建立起由海关、检验检疫、商务、工商、外汇等相关职能部门共同参与的良好协调沟通机制。

我国至今尚未出台《服务贸易外汇管理办法》及跨境电子商务外汇管理、监督法规，因此对电子商务涉及的外汇交易归属管理范畴更难以把握。不过，国家相关部门正在朝这方面努力，开始尝试着改革。改革的主要目的有3点，如图9-21所示。

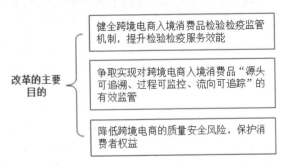

图 9-21 改革的主要目的

9.3.3 发展的平衡

由于跨境电子商务主要依靠空运和海运，目前大都集中在国际航空货物转运中心布局较多的上海、北京和广州等一线城市；海运则集中在沿海地区，这就使跨境电商出现了地区不平衡问题，严重影响了跨境电商的健康发展。

我国的制造加工企业已逐步向内陆和二、三线城市转移，虽然这些地区在周边大航空转运中心的辐射范围内，但受海关关区和行政管辖权等方面的限制，无法实现无缝对接。

因此，今后要在各个试验试点区尝试建立跨境电商监管区域与出境口岸的快捷联动通道，进一步优化通关流程、加快通关速度。

9.3.4 服务的提高

跨境电商实现"买全球、卖全球"，需要跨境电子商务服务业提供有效支撑。跨境电子商务服务业为跨境电子商务应用提供各种专业服务，包括交易平台服务以及物流配送、电子支付等几大类。

但在这个方面，就我国现有的电子商务平台来看，无论中国制造网、环球市场集团，还是兰亭集势、苏宁易购和亚马逊中国等，都是只限于某种单一的方法，还很难提供综合性的服务需求，与国际性的平台相比，仍有很大的差距。

相应的电子商务服务跟不上，势必会导致市场竞争力弱，这也是我国跨境电商需要长期面对的一个问题。从跨境电子商务交易平台的发展趋势来看，未来要从4个方面提高跨境电商的服务能力，如图 9-22 所示。

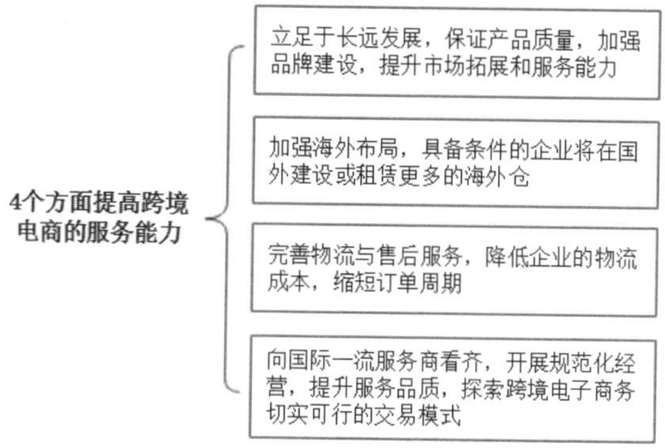

```
                          ┌─ 立足于长远发展，保证产品质量，加强
                          │   品牌建设，提升市场拓展和服务能力
                          │
                          ├─ 加强海外布局，具备条件的企业将在国
4个方面提高跨境            │   外建设或租赁更多的海外仓
电商的服务能力  ──────────┤
                          ├─ 完善物流与售后服务，降低企业的物流
                          │   成本，缩短订单周期
                          │
                          └─ 向国际一流服务商看齐，开展规范化经
                              营，提升服务品质，探索跨境电子商务
                              切实可行的交易模式
```

图 9-22　4 个方面提高跨境电商的服务能力

【案例分析】

> 义网通是义乌市地方政府和综合保税区、产业园区共同搭建的跨境电商综合服务平台，于 2015 年 8 月正式上线。
>
> 该综合服务平台与各大电商、供货商、网购平台、物流企业、支付企业、金融企业、代理企业及国际机构实现了互联互通、数据交换，形成覆盖义乌出口跨境通关、进口跨境通关、保税进口通关、国际快件通关、铁路快运通关等多式联运立体模式的跨境电商通关服务网络。

打造中国"世界品牌"的海外采购商一直处于一个比较成熟的国际消费环境，他们面对的也是较为成熟的供应商。因此，他们对我国服务平台和供应商都有很高的要求。

具体要求其确保产品的品牌与质量，特别是一些小额的采购商，要求产品向亚马逊、沃尔玛这些国际顶尖的水准看齐。因此，我国的企业应该准确定位，树立一个良好的国际形象，提高我国电子商务贸易在国际舞台的竞争力。

第 10 章

防范风险：切实做好外贸风险管控

学前提示　　国际贸易与国内贸易最大的区别，就是在国际贸易实践中会遇到很多不可控的风险，例如汇率变化、运输风险、国家政策变化和货款两失风险等。

外贸人员想要顺利完成订单业务，就要切实做好外贸风险管控。本章将从 3 个方面出发，为大家介绍来自市场、客户和管理等方面的风险防范方法，帮助大家尽可能减少交易风险。

要点展示

- ▶ 来自市场的风险防范
- ▶ 来自客户的风险防范
- ▶ 来自管理的风险防范

10.1 来自市场的风险防范

出口业务的流程较为复杂,从客户询盘到最后完成业务,需要许多环节作为支撑。而在众多的环节和步骤中,任何一个小的细节都有可能遇到不确定因素,这些不确定因素很有可能会成为交易风险。

尤其需要注意的是来自市场的风险随时都可能影响交易的进行,外贸人员需要严加防范。本节将从 7 个方面出发,为大家介绍市场中常见的风险因素及应对方法,帮助大家减少交易损失。

10.1.1 风险 1:进口国经济调控

国家政策对市场的改变、经济的调控会直接影响到进出口业务,所以外贸人员需要时刻关注国家各方面的政策变化。外贸人员要多看目标市场的国家政治局势、新闻及行业动态等,以便尽早作出调整。

每个国家都会根据市场情况进行经济调控,外贸人员应该着重关注进口经济调控的相关政策。外贸人员主要可以从进口国关税调整进口国国内政局两方面出发,及时采取相关防范措施。

1. 关税调整的风险防范措施

各国为了保护、促进国家的国民经济发展和保护国家关税收入,会利用关税手段实现一定时期内的经济发展目标。而进口国的关税调整政策,会直接影响到我国出口贸易,因此外贸人员要做好风险防范的准备工作。

【案例分析】

A 公司主要负责钢铁材料的出口业务,销售市场十分广大,其中与 F 公司合作了 3 年多,双方业务往来频繁且顺利。2021 年 8 月,A 公司根据客户的采购计划提供了产品的最新报价,客户对订单进行了确认,A 公司在得到客户的确认后,与工厂确定了成交价格和交货期,并签订了采购合同。

当工厂安排生产后,F 公司告知 A 公司,国内实行实业保护,提高了钢铁等产品的进口关税,调整幅度高达 12%。此次调整极大地增加了 F 公司的采购成本,因此希望 A 公司能调整价格并如期发货。

但 A 公司觉得很为难,因为这笔订单的利润并不高,且已经与工厂商定好了价格,工厂很难同意调整价格的要求。最终,A 公司与 F 公司结束交易。

进口关税是一把双刃剑,过高的关税虽然在一定程度上能够保护本国的经济发展,但也会对进口货物形成壁垒,阻碍国际贸易的发展。因此,防范进口关税风险是外贸人员的工作之一。图 10-1 所示为进口国关税调整的风险防范措施。

进口国关税调整的风险防范措施
- 关注进口国政策变化,多渠道了解信息
- 进口国若提高关税,及时调整销售计划
- 控制现有货物的发货日期和关键信息点
- 谨慎报价和签订合同,适当高估利润率
- 不确定关税政策如何调整时,保守交易

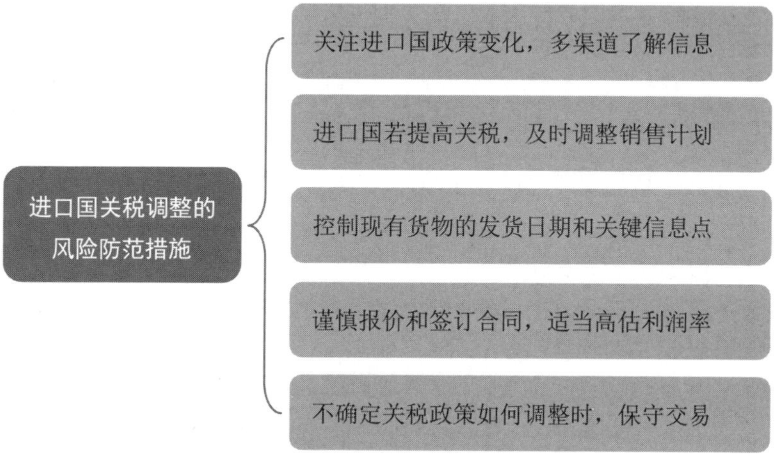

图 10-1 进口国关税调整的风险防范措施

2. 国内政局的风险防范措施

对于国际贸易来说,买卖双方的国内政局情况同等重要。如果进口国的国内政局动荡,出现了政府倒台、战争或暴乱等问题,很可能会导致该国货币大幅贬值,将会从多方面造成交易的损失。图 10-2 所示为进口国国内政局风险防范措施。

进口国国内政局风险防范措施
- 可通过国际新闻等途径,收集客户所在国政治局势和社会稳定性方面的信息
- 与签订合同的客户保持紧密联系,对高危进口国深入了解公司运营环境
- 留意我国驻进口国参赞处或大使馆的官网新闻,尤其是新开发市场的国家
- 提高对产品行情走势的判断能力,遇到行情下跌时,主动提醒客户,避免货物到港后货值大幅下降,导致客户弃货

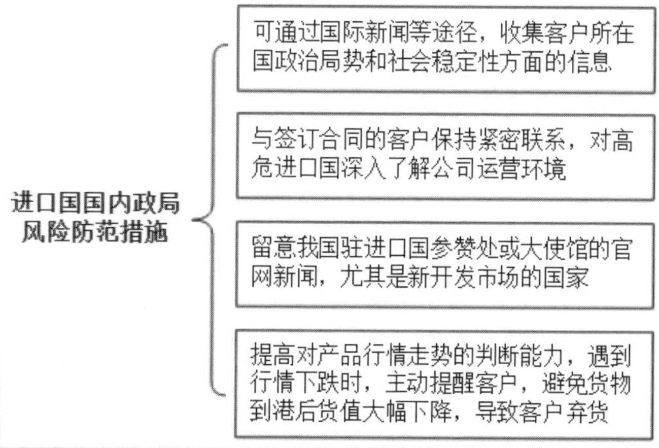

图 10-2 进口国国内政局风险防范措施

> **专家提醒**
> 对于出口商来说，若进口国政局动荡或经济不稳定，且交易采用信用证结算时，最好实行保兑。保兑行不要选择开证行分行，应选择信誉度高的大银行作为保兑行。

10.1.2 风险2：出口政策的变化

自从我国加入世界贸易组织后，国际间的经济竞争日益激烈，实现贸易自由化的同时，也呈现出了各种新形式的贸易保护主义。面对各国对中国企业贸易攻击，我国也在不断改变和发展对外贸易政策。

出口政策的变化，并不表示有利于所有产品出口交易，也很有可能会带来风险，外贸人员也需要特别注意。图10-3所示为应对出口政策变化的措施。

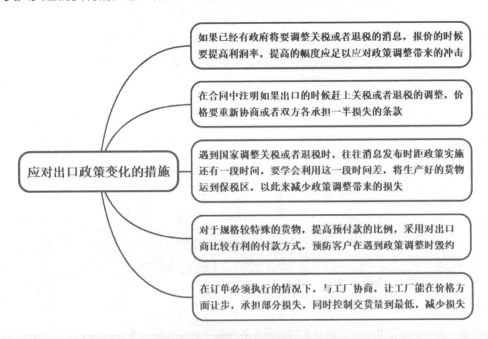

图10-3 应对出口政策变化的措施

10.1.3 风险3：市场行情的变化

原材料价格、市场销售行情等因素，都和外贸交易息息相关，国外的市场形势也会影响出口贸易。如果外贸人员不懂行情，外贸工作就如同"瞎子过河"，不但效果不好，而且可能会带来客户拒收、被迫降价而损失利润的风险。

【案例分析】

> A 公司是一家从事原材料贸易的企业,在美国 M 公司供应一批原材料时,发现该公司经营有些不正常,但该公司经理认为几万美元的货款回收不会有问题。结果,M 公司停产,货款欠拖不还。
>
> A 公司派工作人员再三催付,M 公司一次次承诺,A 公司经理又轻信其承诺,抱着侥幸心理认为钱能收回,最终结果是 M 公司被法院宣布破产,A 公司等到的是法院的债权申告通知书。

企业对市场信息不灵敏,也是产生风险的重要原因。企业没有及时足量地了解收集用户、中间商和竞争者等有关信息资料,没有对交易对象进行信誉调查,盲目发生业务往来,最终产生风险。因此,外贸人员应该事先防范,主要做好以下 5 点,如图 10-4 所示。

防范市场行情变化的风险：
- 了解行业特点,对所从事行业作出准确的基本走势判断,从而尽最大的努力控制行情风险
- 对于大宗货物,行情通常受到宏观经济形势的影响,外贸人员应关注宏观经济形势判断市场行情走势,在经济形势很差的时候小心行事
- 严格挑选并深入了解供货商,做到知己知彼,以降低货物品质问题造成延误操作时间的风险
- 在付款方式上既要严格控制,又要适当灵动,以控制或者减少损失
- 争取与资信好的客户合作,对于一些大宗交易的客户资信调查,出口商可以通过一些专门的资信调查机构,对未合作过的客户进行相关的商业资信、银行资信调查,对买家事先有一定程度的了解

图 10-4　防范市场行情变化的风险

10.1.4　风险 4:季节性风险规律

通常情况下,外贸企业偏爱销售"常青"产品,因为它能带来长期稳定的销售量。但季节性产品可能意味有机会快速、轻松地获利,尤其是在圣诞节、美国独立日等销售火爆的节日里应把握好时机。如图 10-5 所示,为圣诞节热销产品。

但季节性潮流是出了名的"善变",产品的需求和供给会随着季节的变换而变化。面对季节性风险,外贸人员应采取以下措施提前防控,如图 10-6 所示。

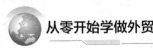

图 10-5　圣诞节热销产品

防控季节性风险的措施
- 了解产品的特性，如用途、使用时间和季节
- 掌握同一产品在不同市场中销售的季节差异
- 估算出口时间，尽量避免跨越旺季淡季交货

图 10-6　防控季节性风险的措施

10.1.5　风险 5：贸易壁垒的风险

贸易壁垒又称为贸易障碍，是对国外商品劳务交换所设置的人为限制，主要是指一国对外国商品劳务进口所实行的各种限制措施。贸易壁垒一般可分非关税壁垒和关税壁垒两类。

就广义而言，凡使正常贸易受到阻碍，市场竞争机制作用受到干扰的各种人为措施，都属于贸易壁垒的范畴。贸易壁垒的出现并不断强化并非偶然，它是国际经济、社会、科技不断发展的产物。

贸易壁垒不仅会给企业的对外贸易带来了风险，还增加了企业的运营成本。外贸企业想要防范贸易壁垒的风险，可以从以下 5 个方面着手。

（1）对于企业来说，需要加强和改善企业管理，提高企业整体素质。

(2) 多方收集各国实施的 TBT(Agreement on Technical Barriers to Trade，技术性贸易壁垒)的有关信息，关注行业的国际标准，尽快掌握 WTO(World Trade Organization，世界贸易组织)的"游戏规则"和技术性贸易壁垒协议的要求。根据国际市场需求和发展趋势及时调整本企业的标准，使自己在国际贸易中占据主动地位。

(3) 尽快熟悉和适应国际贸易中的质量保证体系认证和产品认证，积极取得通往国际市场的"通行证"，获得良好的国际市场信誉。

(4) 以"智"取胜。通过合资、投资、并购等途径，进行企业的跨国合作经营，利用外商的技术、生成标准、品牌和营销渠道等，跨越进口国技术贸易壁垒。

(5) 积极利用 WTO 规则，维护自身权益。

10.1.6 风险 6：海运费上涨风险

海运费用的下跌和上涨都是有缘由的，若海运的价格一直比较稳定还好，对于很多进出口商来说，海运价格上涨是一件非常令人头疼的事情。因为海运费上涨就意味着要增加成本，有可能一船的货物根本就赚不了多少钱。

那么，这种风险到底该如何应对呢？外贸人员可以从以下 3 个方面着手，规避海运费上涨风险。

(1) 了解海运费上涨的原因。当海运公司的船只比较紧张时，就会带动整体的海运费上涨，所以外贸人员最好能找到固定的海运物流合伙人，这样才能保证自己的货物能够正常运送，而且运送的价格比较合理。

也就是说，当整体市场海运货物较多的时候，海运费的价格就会上涨。除此之外，当国际燃油的价格上涨后，海运费价格的费用也会随之上涨，因为海运也要使用燃油。

专家提醒

无论是国内的港口还是国际的港口，都分淡季和旺季。随着供应的需求变化，价格自然也就会出现波动。一般来说，每周都会更新海运费用，海运费用通常是由海运物流公司来定的。

(2) 外贸人员在报价时，可以将 CIF、CFR 中的报价分为几项来报，如商品、运费等，在所报费用下注明价格的有效期，待发货日再重新确定价格。

(3) 外贸人员在与进口商签订外贸合同时，可以单独针对海运费附加一个条款。例如，海运费单列，标明海运费的有效期，并规定如果海运费上涨，运费要按出运价格执行，但运费的上涨最多不能超过价格确认时的某个幅度。

10.1.7　风险7：汇率风险的防范

汇率风险是外贸行业普遍需要面对的风险，一些外贸企业遭受了较大的汇兑损失，造成企业自身的经营困难和财务亏损。也有一些外贸企业通过行之有效的方式，积极规避汇率风险，从另一个角度提高了企业竞争力。

如何积极地采取对策应对汇率风险，已经成为外贸企业的当务之急。外贸人员可以随时查询汇率的变化数据，如图10-7所示。

图10-7　汇率风险防控事项

【案例分析】

A公司是一家生产性的外贸企业，原材料大部分从国外进口，生产的产品大约有3/5销往国外。A公司出口收汇的货币以美元为主，进口支付的货物除美元之外，还有欧元和英镑。

A公司每个月大约有90万美元的外汇收入，50万非美元(欧元、英镑)对外支付。当月，欧元兑美元的汇价在平价下方，英镑兑美元也波动较大。因此，A公司蒙受了巨大的汇率风险损失。

汇率变化会直接影响到货物的价值和企业的利润，所以外贸人员一定要经常关注汇率的变化，在报价的时候控制好价格。外贸人员在汇率风险防控方面要做好有关事项，如图10-8所示。

汇率风险防控事项
- 在风险产生之前,外贸人员要尽可能防范,如正确地选择计价货币、收付汇和结算方式,并对汇率浮动有充足的预期
- 在签订贸易合同时,把汇率定下来,无论以后汇率发生什么变化,仍按合同规定的汇率付款,给订单结付汇上一份保险
- 在签订合同时,不确定付款汇率,但规定在汇率变动时,双方各承担一半损失
- 积极寻找规避汇率风险的金融工具。可以考虑采取远期结汇业务、出口发票贴现等衍生工具来进行汇率风险的规避
- 优化出口产品结构,提高产品的技术含量和附加值,增强产业竞争力
- 加快出口变现,减少应收外汇账款占用,尽量争取有利的结算方式和条件。在企业既有进口又有出口的情况下,可以选择对冲交易规避风险

图 10-8　汇率风险防控事项

10.2　来自客户的风险防范

当不确定因素存在于合理的范围内并且处于可控条件下时,对企业或者公司都不会产生较大的影响;但是当不确定因素超过系数范围,并且朝不预期的方向发展时,就变成了风险。这时,风险的大小则会给企业带来相应的危机和影响。

客户是外贸企业经营的根本基础,外贸企业没有客户就没有订单,但来自客户的风险也不容忽视。本节将从 6 个方面出发,为大家介绍来自客户的风险因素及应对方法,帮助大家减少交易损失。

10.2.1　风险 1:客户欺诈风险

随着互联网的普及,外贸诈骗分子越来越多,有的是使用电话诈骗,有的是邮件诈骗。因此,外贸人员一定要提高警惕,以规避各类可能存在的诈骗风险。外贸业务中,常出现的风险有"钓鱼"邮件、骗取样品、客户跑路和客户拒绝付款等。

【案例分析】

A 公司在展会上结识了非洲的采购商 Z 后。该非洲外贸客户 Z 起初下了几笔小单，付款也相当及时，之后定期稳定地加大了订单，付款依然及时。期间双方多次在展会上相约拜访，后来也互相拜访过彼此的公司、工厂，感情甚笃。

不久，非洲外贸客户 Z 下了一笔大单，同时以资金周转困难、交货期紧为由，要求先付定金，余款货到后再付。由于货物数量很大，A 公司不得不联合多家同行一起供货，但不幸的是，货物到达目的地后就杳无音信了。

因为损失巨大，几家工厂联合出资聘请了国际律师去当地寻访，结果发现货已经如数卖给了当地的一家大外贸公司，此前一直与 A 公司联系的非洲外贸公司已经注销，人去楼空了。

进口商在国际贸易交易过程中如果故意制造假象，或者隐瞒事实真相，就会使出口商误解上当，最终不能按约定履行付款义务而给出口商造成损失，如客户到期不付货款。外贸人员应积极采取以下措施规避客户欺诈风险。

（1）在交易前应对目标客户进行相关信用调查，可以通过金融机构或银行，利用专业资信调查机构，或是通过行业组织对客户进行信用调查。

（2）建立客户资信数据库。

（3）建立客户信用额度审核制度。

（4）对于高危国家或者被制裁国家的客户要提高预付款的比例。

10.2.2　风险 2：客户破产风险

客户破产是很难预测的一个大问题，最大的风险就是货款收不回。2020 年 11 月 12 日，中国出口信用保险公司(以下简称"中国信保")发布了 2020 年《国家风险分析报告》(以下简称"《报告》")。

《报告》显示，从过往经济危机中企业持续经营风险的演进路径来看，企业破产的"连锁反应"或已显现，未来全球企业破产风险可能持续上升。

世界经济增长持续放缓，全球动荡源和风险点不断积聚，政治、经济、社会、安全等领域的风险相互交织，不稳定不确定因素显著增多，我国经济社会发展面临前所未有的风险和挑战。

规避客户破产风险的措施主要有关注客户的财政状况、调查资信。外贸人员一般可以从银行、协会或是其他客户那里了解客户的状况。我国外贸企业要充分认识风险、管控风险，提高防控风险能力，实现稳增长和防风险的均衡。图 10-9 所示为规避客户破产风险的措施。

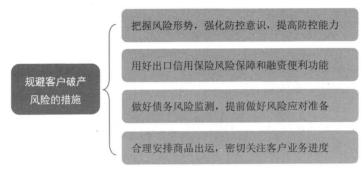

图 10-9 规避客户破产风险的措施

10.2.3 风险 3：客户人事变动

进口商的常用联系人离开该公司带走业务或是交接不清，会给出口商造成业务的减少或流失。因此，外贸人员应采取以下措施来规避这类风险。

（1）外贸人员平时应该有一定的预备措施，要定期总结与客户的最新进展、开发情况，并复制一份给客户的上司，以便他对本公司的最近合作情况有所了解。即使发生了联系人变动，业务关系还能保持，并可将负面影响降到最低。

（2）对于洽谈中的项目要及时追踪，尽管人事发生了变动，也要积极与客户联系，留下一个好印象，保持原有的良好合作关系。

10.2.4 风险 4：客户流失风险

现在的网络极其发达，由于费用低、效果好，国内的工厂基本上都采用了网络推广的手段，国外客户可以很容易找到价格更低的供应商。同时，如果国外市场竞争激烈，也可能使得客户失去当地市场份额转向其他行业。

在这种情况下，如果不能支持客户打开新产品市场，就只能接受客户流失的事实。外贸人员应采取相应措施来规避这类风险，如图 10-10 所示。

图 10-10 规避客户流失风险

10.2.5　风险 5：供应商与客户直接联系

这一风险是指供应商与客户在工厂见面后，绕过中间贸易商直接与客户联系，或是客户与供应商见面，拿到联系方式后与供应商直接联系，撇开中间贸易商。外贸人员应采取以下措施来规避这类风险。

（1）选择愿意与中间商密切合作并大力配合的供应商，给供应商灌输一种理念，让他们意识到在整个市场的供应链中，必须抛开"各扫门前雪"的思想，供应商与外贸商应该结成战略合作关系。

（2）尽量占有供应商的部分货款，或者给供应商投资，或者控制供应商的上游，以此增加对供应商的控制力。

（3）在订单量足够大并且持续的条件下，可以探索在港口租仓库，由外贸企业自己安排包装。

（4）带国外客户参观工厂时，应提前和供应商约定好，不允许供应商向客户递交名片和样本册，同时和供应商签订协议，为保护客户资源寻找一个法律依据。

10.2.6　风险 6：供应商破产的风险

如果供应商遭遇重大变故而破产，导致外贸企业无法收回货款或者提货，由此所引起的外贸问题通常采取以下措施来规避。

（1）建立供应商的筛选与评级体系，可以从供应商的交货能力、技术能力、价格水平、质量水平和现有合作状况方面予以考虑。

（2）对于第一次合作的工厂，考虑到合同金额以及长期的合作前景，最好能在合作前做一次资信调查。

（3）减少对个别供应商大户的过分依赖，分散采购风险。

（4）在与供应商签订采购合同前，审查供应商有无签约资格。

10.3　来自管理的风险防范

在出口业务中，许多因素都有可能最终发展成为风险，防范意识与措施是外贸事务的关键内容。对于管理风险的防范，很多企业还缺乏正确的防范与规避意识。本节将从 9 个方面出发，为大家介绍来自管理的风险因素及应对方法，帮助大家减少交易损失。

10.3.1 风险1：报价过程中的风险

报价是对客户关心的产品的具体回应，是外贸人员签订订单的首要步骤。报价过程中，细微失误都可能导致日后沟通中产生不必要的麻烦，甚至在以后执行订单时造成直接经济损失。

报价风险可控度和可探测度都比较高，完全可以通过外贸人员自身能力和谨慎态度加以避免。且报价后还有合同确认等诸多环节，报价不当问题经常还有弥补的机会，所以整体上不算防控风险点。

最主要的风险是由于报价错误，事后反悔，导致客户的不信任。外贸人员应采取以下措施来规避这类风险，如图10-11所示。

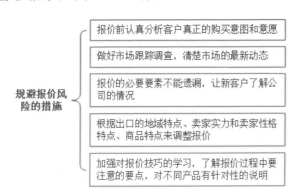

图10-11 规避报价风险的措施

10.3.2 风险2：货物计量中的风险

货物计量中的风险，是指出口商在出口商品时，由于货物超重或者是计量问题导致进口国海关罚款或是客户索赔，其最重要的表现是进口国海关限重。外贸人员应采取以下措施来规避这类风险。

（1）了解进口国海关有何特殊规定，是否对货物重量、包装等有新的要求。

（2）保持与船运公司或是货代良好的关系及沟通，以便在最快的时间内了解到最新消息。

（3）对于大宗产品，要时刻关注国际市场变化以及国家退税、关税政策调整，以便在最有利的时间进行调整。

（4）出口大宗商品，要注重细节，例如与客户确认好是理计还是过磅计价。

（5）对于大宗产品的计量方法，无论是与客户一开始就确认好的计量方式，还是中间更改计量方式，一定要得到客户的书面确认。

10.3.3　风险3：海关编码归类风险

海关编码归类风险，是指由于对产品特性、属性、成分、材质等认知的不正确性或故意瞒报，导致货物归类与海关认定归类不一致，从而导致通关时间延迟，耽误货物正常出运，造成企业财产上的损失，进而影响企业声誉的风险。外贸人员应采取以下措施来规避这类风险。

（1）对产品的性能、成分和用途要全面了解、学习，以便正确掌握产品的编码归类方法。

（2）对于详尽的商品或者归类难度大的商品，可以向海关申请编码预归类。

（3）遇到海关不认可归类申报时，一定要及时与海关的审单人员沟通，提交清楚对货物归类的理解，并提供相应证据，争取得到海关认可。

（4）千万不能存有侥幸心理，为了多退税，乱用海关编码。

（5）千万不要为了逃避风险，将需要法定检验的商品归入到不需要法定检验的编码中。

10.3.4　风险4：出口收汇风险防控

由于函电中交谈过于简洁急促，外贸人员急于成交订单，没有考虑到客户的信用问题。或由于风险意识弱，没有在商谈中提出以哪种汇款方式进行交易，在实际结汇时将面临巨大的汇款风险，出口商将无法结汇，最终钱货两空。

出口商能否收到货款，完全取决于进口商的商业信用。如果进口商不守信用，出口商最终可能会面临钱货两空的风险。外贸人员应采取以下措施来规避这类风险。

（1）建立贸易关系前应先对客户进行资信调查，确保客户的贸易信用，或与有资信的客户进行贸易来往。

（2）商谈函电应尽量使交易内容详细化，把细节都考虑周到，既不给对方造成误会，也不能损失自己的利益。

（3）汇款方式应该在函电中用文字说明，指出使用的是哪种付款方式。函电商谈达成一致协议之后要在合同中标出来一切细节问题，作为以后结汇的有力证明。

出口收汇风险主要还体现在3个方面，分别是开证行风险、不符点交单风险和托收付款风险，具体内容如下所述。

1．开证行风险

在信用证付款方式下，开证行应承担第一性的付款责任。因此，开证行的资信和偿付能力都成为关键性的问题。开证行资信不佳、开证行破产或丧失偿付能力，受益人一旦接受，面临的结果可能就是收汇困难。外贸人员应采取以下3种措施来规避这类风险。

(1) 审查开证行的资信。
(2) 投保出口信用险。
(3) 时刻关注进口商所在国政治、经济和法律等的变化。

2. 不符点交单风险

出口商在单证审核的过程中，在不熟悉法规和规定的情况下，不能贸然操作。并且在修改单据时不能顾此失彼，对进出口商的公司名称、地址等要保证单单一致、单证一致。

否则，出口商在交单结汇时，将面临因单单不一致或单证不一致而无法结汇的风险。外贸人员应采取以下措施来规避这类风险，如图10-12所示。

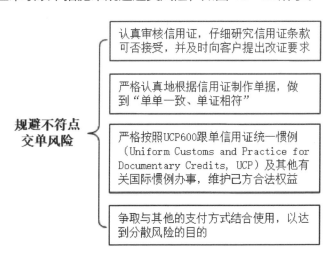

图10-12 规避不符点交单风险

3. 托收付款风险

托收是出口商凭进口商的信用收款，属于商业信用。其中，承兑交单风险最大，因为承兑交单对于出口商来说在收到货款之前已经失去了对货物所有权的控制，将完全依靠进口商的需要来收取货款。

如果到期进口商无力偿还货款，那么出口商就会面临钱货两空的损失。外贸人员应采取以下措施来规避这类风险。

(1) 应对进口商的资信有充分的了解，新客户或资信不佳的客户不要使用这种付款方式。

(2) 在合同洽谈时应尽可能确定代收行，必须选择那些历史较悠久、熟知国际惯例，同时又信誉卓著的银行作为代收行，以避免银行操作失误、信誉欠佳造成的风险。

（3）出口商可在运输单据上加上适当的限制性条款，如在海运提单的收货人一栏中加注"凭发货人指示"或"凭 XX 银行指示"等，这样可以更加明确出口商对进口商的制约。

（4）一旦对进口商的诚意产生疑虑，出口商应在货物被提取前以发货人的身份果断地通过运输公司扣留货物，待问题解决后再解除扣留令。

10.3.5　风险 5：合同中的风险防控

合同风险是指在出口贸易合同中，对货物的描述与确认条款出现错误或者描述不够详尽，造成最终供货与需求不一致而产生的争议或损失。

合同中存在的风险，包括合同形式或内容的不完善，具体的合同条款存在漏洞或缺陷，履行合同的过程中存在瑕疵和纠纷，工作人员道德操守以及职业规范，应收款项追讨措施的欠缺等。

合同风险导致的后果就是客户索赔，出现此类风险的原因主要是业务人员操作不谨慎、不细致，不了解与客户的语言沟通，会存在一定的障碍和不同的理解。外贸人员应采取以下措施来规避这类风险，如图 10-13 所示。

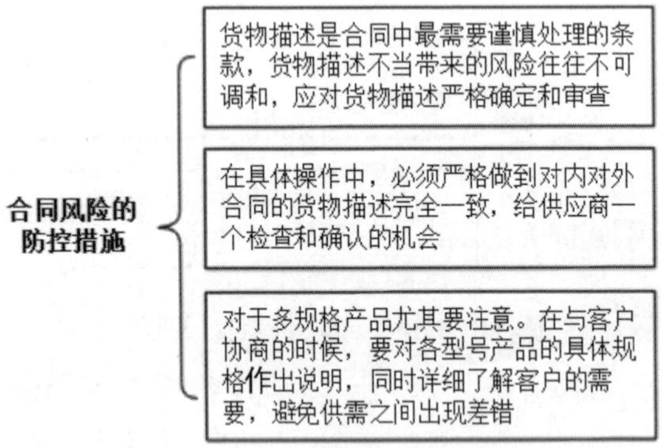

合同风险的防控措施 {
- 货物描述是合同中最需要谨慎处理的条款，货物描述不当带来的风险往往不可调和，应对货物描述严格确定和审查
- 在具体操作中，必须严格做到对内对外合同的货物描述完全一致，给供应商一个检查和确认的机会
- 对于多规格产品尤其要注意。在与客户协商的时候，要对各型号产品的具体规格作出说明，同时详细了解客户的需要，避免供需之间出现差错
}

图 10-13　合同风险的防控措施

合同风险主要还体现在 3 个方面，分别是逾期交货风险、保险索赔风险，以及委托代理关系的法律风险，具体内容如下所述。

1．逾期交货风险防控

在买卖合同中，进出口双方各自有自己的权利义务。进口商需要按时支付货款，出口商需要按时交货，如果逾期交货的，属于出口商违约，需要承担违约责任。

外贸企业从事出口业务时，通常会面临延迟交货的风险。这不但使企业无法按合同约定交货，还会给企业带来一定的违约损失，甚至因为交货不及时而导致客户流失。为了避免延迟交货的风险，保证企业交货的及时性，外贸企业应该采取一些方法进行应对。

应对风险的第一步，是确定风险产生的原因。一般来说，在委托生产方式下，导致企业延迟交货的原因如图10-14所示。

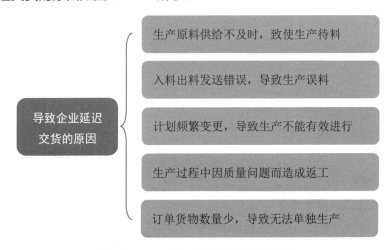

图10-14 导致企业延迟交货的原因

针对以上可能导致延迟出口贸易交货的原因，外贸人员还可以采取下述几种措施加以规避。

(1) 多开发供应商，保证供货及时和货源的多样化。
(2) 签约前做好充分准备，防范风险。
(3) 签约时争取宽松的交货期限，控制风险。
(4) 执行中进行严格的生产流程控制，消除风险。
(5) 发生问题后必须采取必要的措施，挽救损失。

外贸人员在注重业务和客户开发的同时，也不能忽视供应商的开发。若有足够的订单和客户，但是找不到相应的工厂来生产，也无法达成最终交易。

而当供应商尽可能多的时候，就有了更多的主动权和选择权，对于一些量比较大的订单，可以将其分配给几个供应商同时生产，以节省时间，保证及时供货。而对于一些平时生产不积极的工厂，则可以考虑终止与其合作。

2. 保险索赔风险防控

保险索赔风险，是指当货物发生损毁时，由于其损毁不符合国际贸易保险惯例，或者超出投保人对货物投保的赔付范围从而造成无法获得赔付的损失。外贸人员应采取以下措施来规避这类风险。

(1) 在 CIF 或类似条款下，出口商应按照相关责任，及时对货物投保。若在

FOB或者CFR类似条款下，出口方也应及时提醒进口方为货物投保。

（2）在国际出口贸易中，出口商应对国际货物运输保险相关条款以及知识进行全面了解和学习，为货物选择相应的投保范围，并且在发生货物损毁时，能够对保险公司提出正确的索赔要求。

3. 委托代理关系的法律风险防控

外贸企业与货代公司之间因为委托代理关系也会存在相当多的法律风险，有可能因此就成为一个被告人；也有可能货发出去了，却收不到货款。因此，外贸企业应采取以下措施来规避这类风险。

（1）外贸公司应注意选择资信较好、经营稳定的货代公司托船，小的或者没有资质的货代公司往往在接单后转手他人，作为货主往往并不十分了解其中转手的真实情况，如果中间出现问题则很难控制，甚至可能出现法律上的救济困难。

> **专家提醒**
>
> 外贸公司有时可能对将要成为诉讼对象的公司一无所知，有时也会被一家从未有过业务关系的公司告上法庭。

（2）外贸公司在托船过程中应重视托船资料的制作和留底工作，制作资料应仔细清楚，如是否允许转运、分批装运应在单据中明确。

在与货代公司往来的过程中，应注意对重大事项，如关于运费、包干费的确定均采用书面的方式。传真文件应保留原件，公司的传真机应设置传真信息记录，在可能发生的诉讼中，这些传真文件可作为证据使用。

（3）外贸公司应注意公司的托船资料，如发票、装箱单、明细（委托单）、报关委托书和报关单上应加盖公司的单证章或公章。

在代理出口业务中，不要将公司的空白单据发给被代理方，更要防止将空白单据交给货代公司代打，这些空白单据都有可能在以后的诉讼中被用于制作对公司不利的证据文件。

（4）如果是代理别的公司出口，在与货代公司的委托中可选择对其披露被代理人的身份，代理合同可直接约束被代理人与货代公司，在运费预付的情况下对外贸公司有利。

（5）外贸公司在报关时应注意报关金额，许多外贸公司为了帮客户逃避关税，自身降低外汇核销金额或者套汇，往往报关的金额低于货物实际的货值。在可能出现的索赔如无单放货诉讼中，可能会对货值的认定出现纠纷，被海关认可的报关金额可能会被法院采信，给自己造成不应有的损失。

10.3.6 风险6：产品上的风险防控

产品风险主要体现为外贸企业提供的产品与目标客户需求不一致。外贸人员在确认订单前必须把客户所需的产品规格、数量等相关指标了解清楚。特别是一般客户没有提过的指标，与生产部门或者工厂确认是否可以达到要求，如果不能，必须跟客户说清楚。

在签订合同时，要明确对商品的质量要求、技术标准等细节。违约责任和解决纠纷的方式也都要明确规定。

10.3.7 风险7：运输中的风险防控

海上运输风险，是指货物在海上运输期间可能遭遇自然灾害(如海啸、地震等)和意外事故(包括搁浅、触礁、沉没、碰撞、火灾、爆炸和失踪等)。当然也不可忽视一般外来风险，途中可能发生偷窃、短量、受潮、霉变和串味等风险。外贸人员应采取以下措施来规避这类风险。

（1）购买保险，保证保险单据的准确性和完整性。

（2）发货前要求工厂拍摄装箱及包装图片，在运输过程中发生货物损毁时，作为界定责任的证据，把风险转移出去。

除上述风险以外，海上运输风险还体现在两个方面，分别是中转途中货物调包的风险和退运风险，具体内容如下所述。

1. 中转途中货物调包的风险

中转途中货物调包的风险，是指货物在国际出口贸易海运过程中转船时，由于中转港监管不严格或者其他原因，造成的货物被调包或者偷窃而造成的损失。外贸人员应采取以下措施来规避这类风险。

（1）出口货物价值高的产品时，外贸人员应严格把控整个贸易流程，堵塞风险漏洞。

（2）无论是到岸交易还是离岸交易，对于货物价值高的产品，都需要为货物投保。

（3）选择到岸价时，应减少CFR术语的使用，而以使用CIF术语为主，以便从出口方为货物投保。

2. 退运风险

退运风险，是指出口货物因出口货物自身质量，以及外商自身原因拒绝收货而产生的退运风险。外贸人员应采取以下3种措施来规避这类风险，如图10-15所示。

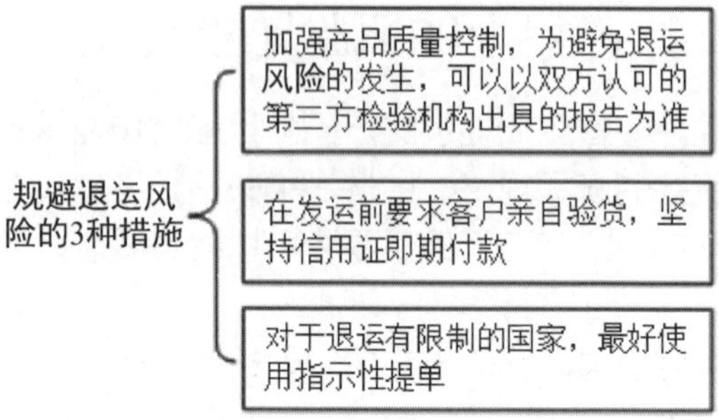

规避退运风险的3种措施
- 加强产品质量控制，为避免退运风险的发生，可以以双方认可的第三方检验机构出具的报告为准
- 在发运前要求客户亲自验货，坚持信用证即期付款
- 对于退运有限制的国家，最好使用指示性提单

图10-15 规避退运风险的3种措施

10.3.8 风险8：检验中的风险防控

检验中的风险，是指由于产品的质量、特性、包装、交期等不符合第三方检验的标准而导致检验通不过、交通延迟、客户收不到货物的情况。外贸人员应采取以下措施来规避这类风险。

（1）当货物准备出运时，外贸人员应提前预约检验公司，最好在工厂做第三方检验。并在第三方检验合格后，安排后续事宜，避免发生额外的费用，延误船期。

（2）因为有些国家，在进口前需要进行检验，因此在签订合同之前，外贸人员应先与客户沟通，看货物是否需要检验。

10.3.9 风险9：FOB贸易术语操作风险

FOB(Free on Board)是指装运港船上交货，也就是出口商将货交给船运公司便"自由"了，其责任划分以"船舷为界"。

出口商负责备好货、装船、出口清关、凭单交货和越过船舷前的费用及其风险；进口商负责租船订舱、投保、办理进口清关手续、付款赎单接货和越过船舷后的费用及其风险。

专家提醒

加入WTO的过渡期后，我国将允许外资独资经营国际货代业务。诸多的外资班轮公司将会进入中国的主要沿海港口，境外货代也将会蜂拥而入。这些境外船公司与货代如果操纵运价，将会使运价一路狂升。

在进出口业务中，许多外贸人员对运输、保险等环节并不熟悉，又急于承揽业务，便乐于接受该FOB贸易术语。国内出口企业为规避运价风险，也不愿采用CFR、CIF等贸易术语。

但使用FOB贸易术语具有一定风险，主要是由买方指定船运公司或货代引发的运输风险及单据结汇风险。除此之外，还有以下 4 种风险。

1. 无单放货风险

无单放货，是指进口商指定船运公司或货代，或要求办理清关、订舱、拖箱和报关等手续。进口商委托货代把握准确的交货付运情况，或通过货代获得优惠运价，甚至串通货代无单放货骗取卖方货物。

交货在国际上通行的做法是船运公司对货代，货代对客户。出口商对装货港货代，手里拿到的通常会是分单；进口商对目的港货代，而货代手里拿的是正本 B/L（Bill of Lading，提单）。若进口商和指定的货代串通一气，无单提货，则会使中国出口企业货款两空。

2. 货物控制权风险

货物控制权风险，简单来说，就是不易掌握货物的实际控制权。按照前面的分析，出口商先发货，但表明物权的提单有可能不在出口商手中。此时，货物的实际控制权却在要付款赎单的进口商手中，对出口商形成极大的威胁。

专家提醒

若信用证中出现软条款，出口商未要求改正。此时，进口商会想方设法寻求单证的不符点，从而退单和拒付，最终导致卖方钱货两空。

3. 船货衔接不到位

在 FOB 贸易术语下，因为由进口商租船订舱，而货又在出口商手中，故牵涉三个通知，即备货通知、派船通知和装船通知。这就意味着出口商、进口商、货代及实际承运人之间不能有丝毫的马虎。

若出口商未能及时备货及装船，而进口商按期派船，则出口商应承担所产生的空舱费、滞期费。相反，若因进口商派的船只提前或延迟到达，因此产生的费用则由进口商负责。

4. 集装箱风险

集装箱风险，是指贸易术语与现代化的集装箱方式不相适应。随着国际运输技术的发展，货物的滚装运输、集装箱运输及多式联运等日益普及，仅局限于水上运输的 FOB、CFR、CIF 越来越不适应新形式的需要。

由于心理惯性及运输单据的某些特性，人们不再适当地使用 FOB，这使出口商在将货物交给进口商指定的承运人之后，依然会遇到风险。

5. 风险的规避与防范

规避与防范 FOB 贸易术语的操作风险，外贸企业可以从以下 5 个方面着手，具体内容如下所述。

1) 防范运输风险

通常情况下，外贸企业可以拒绝接受指定船运公司或货代；若接受指定船运公司，必须是知名的船运公司，并且事先进行资信调查。如进口商坚持指定境外货代，则应对指定的境外货代的资信进行严格的审查，查看是否有我国合法代理人向交通部、商务部办理的手续，如认为不能接受，应及时予以拒绝。

防范运输风险，外贸企业还可以要求出具保函。根据商务部《关于规避无单放货风险的通知》的规定，出口商可向签发提单的国内货代要求出具保函，承诺货到目的港后必须凭信用证项下银行流转的正本提单放货，否则要承担无单放货的赔偿责任。

即境外货代的提单必须由国内货代签发并掌握货物的控制权，向发货人出具保函，使发货人的货权得到保障。除此之外，还需要正确签发提单。提单上要特别注意托运人(Shipper)和收货人(Consignee)的填写，具体说明如表10-1所示。

表10-1 托运人(Shipper)和收货人(Consignee)的填写要求

栏　目	填写要求
托运人 (Shipper)	(1)按照《汉堡规则》的解释，托运人有两种，一种是与承运人签订海上运输合同的人。 (2)另一种是将货物交给与海上货物运输有关的承运人的人。 (3)根据上述解释，FOB条款下，进口商或出口商均符合作为托运人的条件。 (4)FOB条款下，进口商常在信用证＝支付的合同中，要求出口商提交的提单以买方作为托运人，这种情形会给出口商带来收汇的风险。 (5)货物在运输途中，进口商以提单托运人的名义，指示承运人将货物交给他指定的收货人。 (6)出口商虽控制着作为物权凭证的提单，然而货物却已被进口商指定的收货人提走。故为安全起见，还是以出口商作为托运人为好
收货人 (Consignee)	(1)收货人一栏的填写，可以是记名式、不记名和指示性三种情形。 (2)若收货人为记名式，则为具体的某人或公司收货，如写明的是进口商收货，则万一出口商出现意外要将货物退运、转运或委托第三方提货会形成障碍。 (3)进口商仅凭相应的身份证明就可提货，会恶化"无单放货"。 (4)若收货人为不记名，谁拥有提单，谁就可要求承运人放货，风险太大，一般不使用。 (5)若收货人为指示性的，如"To order""To order of ×××""凭指示"或"凭×××的指示"，这里的×××通常是开证行及受益人。显然，这种填法的提单可流通转让，但必须经过背书，利于出口商自己或银行控制物权

若出现了境外货代无单放货问题,此时出口商应采取合理方式解决:若合同有缺陷,主张不了权益,可以考虑起诉承运人,拿起法律武器向法院起诉。同时,应严格关注境外货代的去向,以防货代骗货后销声匿迹。

2) 船货紧密衔接

外贸企业应以现代化通信方式及时发出装船通知。对于以 FOB 和 CFR 成交的,出口商应及时向进口商发出装船通知。在 FOB 和 CFR 术语下,出口商必须发出进口商已装船的充分通知。

只有这样才能在出口商装船后,进口商及时向保险公司办理保险手续。如果出口商未按照合同要求,及时向进口商发出装船通知,而货物遭受灭失或损坏的风险时,出口商将承担损失责任。图 10-16 所示为转移货物风险的方法。

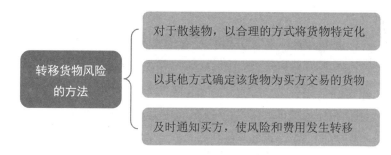

图 10-16 转移货物风险的方法

在实际交易中,若进口商的市场行情不好,进口商不想交易,并且不派船接货。对于进口商的违约行为,出口商不但可宣布合同无效,还可以保留最基本的损害赔偿权益。因此,为了防止此类情形出现,出口商可在合同中明确规定相应的处理方式。

3) 支付方式的合理选择

FOB、CFR 和 CIF 贸易术语,对出口商而言都是先发货,出口商先履行一项责任。至于出口商能否收回货款,则取决于支付方式的正确选择。

采用汇付中的货到付款,或托收等商业信用的收款方式时,应尽量避免采用 FOB 或 CFR 术语。因为采用这两种术语,由进口商根据情况自行办理保险。如果履约时行情对进口商不利,进口商有可能不办保险,这样一旦货物在途中出险,出口商就会发生钱货两空的风险。

4) 采用 CIF、FCA 等其他贸易术语

出口交易中,若采用 CIF 贸易术语,国际货物买卖则涉及 3 个合同,即买卖合同、运输合同和保险合同,出口商都参与其中。作为当事人,出口商可根据情况统筹安排备货、装运和投保等事项,从而保证业务流程相互衔接。

CIF 贸易术语下,由出口商租船订舱,将国际贸易中最重要的环节——运输及代表货权凭证的提单把握在自己手中,这样可以规避运输风险。同时,CIF 贸易术语还

能带动本国运输业和保险业的发展,增加国内的服务贸易收入。

除此之外,中国的中西部内陆地区还可适当使用 FCA 贸易术语。

因为从出口商的角度来说,使用 FCA 贸易术语,接受的是没有物权性质的单据,如铁路运单、航空运单等,它可以用来结汇但无物权证明。

但在 FOB 贸易术语下,却可以取得具有物权证明的提单。在中国内陆,由于从内陆到出海港口路途遥远,这其中的风险不可预知,为使风险及早转移,同时尽早结汇,可适当使用 FCA 术语。

5) 投保以转移风险

若进口商采用 FOB 术语与托收付款方式时,出口商既无银行信用保障,又无海运保险的保障,为防止进口商拒收造成的损失,出口商可投"短期出口信用险"。

专家提醒

出口信用险是国家为了鼓励并推动本国的出口贸易,为众多出口企业承担进口国政治风险(战争、外汇管制、进口管制和颁发延期付款等)和进口商商业风险(破产、拖欠和拒收)而引起的收汇损失的政策性险种。

除了投保出口信用险之外,外贸企业还可加投从出口企业仓库到出海港口该段的国内"路运险"。FOB 贸易术语下,海运货物保险由进口商办理,被保险人是进口商,出口商无法持有保险单。同时,进口商投保不具备可保利益,具体原因如图 10-17 所示。

图 10-17　进口商投保不具备可保利益的原因